PRÉFACES IMAGINAIRES

www.editions-jclattes.fr

Raphaël Mezrahi

PRÉFACES IMAGINAIRES

JC Lattès
17, rue Jacob 75006 Paris

Pour l'éditeur, le principe est d'utiliser des papiers composés de fibres naturelles, renouvelables, recyclables et fabriquées à partir de bois issus de forêts qui adoptent un système d'aménagement durable.
En outre, l'éditeur attend de ses fournisseurs de papier qu'ils s'inscrivent dans une démarche de certification environnementale reconnue.

ISBN : 978-2-7096-2873-0

La Préface
(des préfaces)

Mes très chers lecteurs,
Comment ne pas vous remercier pour…

— Papa, qu'est-ce que tu fais ?

— Tu me déranges, là… J'écris la préface de mon livre.

— Mais, c'est pas ceux qui écrivent leur livre qui écrivent leur préface !

— Oui mais là, c'est comme ça, c'est mon choix… Tu peux me laisser… euh… j'avais une super idée et là… je sais plus, c'est malin !

— C'est pas de ma faute !

— Ben non c'est vrai, c'est pas toi qui m'as parlé… Bon, qu'est-ce que tu veux ?

— C'est un livre sur quoi que tu écris ?

— J'écris les préfaces de livres ou

d'ouvrages qui n'ont pas de préface. Tu me connais, j'adore les débuts, et je ne sais pas pourquoi. Je trouve qu'un livre sans préface, c'est un peu comme un livre sans début, c'est illisible.

— OK, mais les romans n'ont pas de préface !

— Non, c'est pour ça que j'en lis pas.

— T'es un peu spécial…

— Ben, je suis ton père.

— Si je te résume bien, un livre sans préface, c'est pas vraiment un livre !

— Voilà.

— C'est pour ça que t'as pris la résolution d'écrire ces préfaces imaginaires, pour combler ce manque ?

— Exact.

— T'as pris d'autres résolutions, dans le genre ?

— Oui, j'crois que je vais repeindre la cuisine et écrire au PD-G. de Heudebert pour qu'il réhabilite la Triscotte.

— C'est vrai, quel scandale d'avoir supprimé la Triscotte… Mais tous les gens dont tu parles dans ton livre, tu les connais ?

— Bien sûr. À part l'auteur de *Mein Kampf*, c'est ton grand-père qui l'a connu, ça reste dans la famille. Voilà. Tu peux me laisser maintenant ?

— M'oui.

— Enfin. Je te remercie. Alors... je sais plus du tout où j'en étais.

— T'as qu'à demander à maman, elle va te trouver des idées, comme d'habitude.

— Quoi, comme d'habitude ? Qu'est-ce qu'elle a ta mère ?

— Rien, mais elle a toujours plein d'idées. Regarde, quand elle s'habille, elle trouve des tas de variantes. Des robes, des jupes différentes pour aller avec son sac à main, ou le contraire. Et toi, pendant ce temps-là, tu mets que des jeans. Si t'as pas d'originalité quand tu t'habilles, comment veux-tu en avoir quand tu écris ?

— Tu deviens folle ou quoi ? Qu'est-ce qui t'arrive ?

— Non, je plaisante. Je sais que t'as plein d'idées. Je te laisse travailler, salut.

— Salut... Bon, donc... Ah voilà...

Préfaces imaginaires

Mes très chers lecteurs, c'est avec amour, passion (elle est dingue cette gosse, c'est vraiment sa mère) et nonchalance (je suis quand même né en Tunisie), qu'au fil des pages de cet ouvrage, et avec la complicité de mes souvenirs, je m'apprête à arpenter la liste non exhaustive, mais somme toute rigolote, de mes préfaces imaginaires.

Atlas général Bordas

« Même en 100 ans je n'aurais pas le temps, pas le temps », chantait Michel Fugain dans les années 70, accompagné de son Big Bazar. Comme il avait raison. C'est vrai, il était visionnaire, ce Michel Fugain, il nous a toujours annoncé des choses qui se sont passées, même quand il a triomphé avec « fais comme l'oiseau » (n'est-ce pas lui qui a inspiré Mike Brant ?). En tout cas, il aurait pu avoir la décence d'ajouter « en 100 ans je n'aurais pas le temps… *à condition d'être valide* », parce que visiter l'Etna ou Massada, c'est très beau, mais il y a quand même un âge limite. Heureusement, l'imaginaire de notre créateur n'a pas de barrière. Mais que serait une visite fictive de Brive ou même d'Aurillac (c'est pas très loin), sans cette manne de précision et d'ingéniosité qu'est l'*Atlas* que vous tenez entre vos mains ? Qui, mieux que cet ouvrage, pourra vous faire voguer au fil de l'eau et au fil des pages, entre Paris et Nancy ? Instantanément, vous verrez que c'est possible grâce à la présentation des ports et voies navigables en France p. 37. Et la partie méridionale des États-Unis et du Canada ne sera alors qu'à une poignée de pages (p. 123). Ah ça ! Vous allez vous la péter en société ! Le trafic portuaire (en millions de tonnes) et les principaux oléoducs et gazoducs du continent américain n'auront plus aucun mystère pour vous (même si vous êtes pauvre). Remarquez, au prix que vous l'avez payé ! Si tant est que vous l'ayez payé ! Le mien, je l'ai eu pour ma Bar Mitzvah, accompagné de six trousses de toilette (c'était très à la mode à l'époque). Non, c'est vrai, c'est un excellent achat, idéal pour un cadeau. Songez à toutes les villes dont vous apprenez l'existence lors d'attentats, de tremblements de terre ou d'ouragans ! Eh bien dorénavant, grâce à votre atlas, vous pourrez précisément et instantanément les situer. Et vous pourrez dire « Oh là là, ils ont pas de chance... Heureusement, t'as vu, c'est loin de chez nous ». Même celles rayées de la carte, eh bien, vous aurez toujours le plaisir de les regarder sur votre atlas, et ça, c'est chouette. Et puis un atlas, ça vous suit toute la vie, presque comme un aspirateur, sauf que ça dure plus longtemps. Je sais pas ce que vous pensez de cette nouvelle mode d'aspirateur sans sac. Intuitivement, on sent que la durée de vie va être revue à la baisse. Mais quand on réfléchit à tous les ingénieurs qui ont bossé jusqu'à la retraite en se disant « tiens, si on parvenait à retirer le sac, il y aurait plus d'intermédiaire entre l'air et la poussière », quel mérite... Ils ont juste oublié que la poussière, il faut bien la mettre quelque part. Par exemple, dans un sac. Donc, finalement, l'étape que vous avez sautée au début, vous retombez dessus après. Comme quoi le modernisme n'a pas que du bon. Je vous dis ça, en même temps un atlas sans sac... Remarquez, un atlas dans un sac, là, d'accord, c'est original. Et puis c'est moins ridicule qu'un plan de métro.

— Tu vas où toi ?

— Métro Glacière, j'ai deux changements.

— Ah oui ? Moi je vais aux îles Fidji, j'ai deux escales.

Vous sentez la différence ?

Ah, atlas, drôle de petit bouquin... Depuis toutes ces années que tu existes, sans que personne t'ait rendu hommage. Voilà qui est fait. Je sais que tu vas continuer de grandir, de te développer, et aussi de te diversifier, grâce à tes petits frères illustrés, universels et géographiques (entre autres).

Pourquoi pas, dans les années à venir, un *atlas élite premium*, livré avec jet privé ? Tu choisis un pays au hasard, sur l'écran LCD 26 pouces haute définition du cockpit, et l'avion se charge du reste pour t'amener à bon port dans les meilleurs délais. On peut rêver, non ? Tu nous as tellement incités à le faire. Il faut bien que tu vives avec ton temps, si tu veux durer. Continue, et merci d'exister tout comme Michel Fugain. Allez, tope-là dans ma main tope-là, tape encore une fois, t'as tout, t'as le choix, c'est tout à toi. Tope-là dans ma main, tope-là, hop-là, tape encore une fois, tu rêves, ou quoi, t'en reviens pas. La rue c'est la vie qui va, viva la viva la vida, c'est là qu'on vit, là qu'on va, viva la viva la vida.

L'ART DU POTAGER EN CARRÉ [1]

1. Éric Prédine, Jean-Paul Collaert, *L'art du potager en carré*, Edisud, 2000.

Voilà. Pour vous dire la vérité, quand on n'a pas grand-chose à raconter, le mieux c'est le silence. Le silence de la feuille de fougère, généralement pennée, flottant au vent.

En silence, donc, la feuille de fougère développe des spores. Lesquelles bientôt se dissémineront et – après avoir germé – donneront naissance à des... des... (là, je ne me rappelle plus ce que j'ai lu dans le dictionnaire Hachette, mais grosso modo, c'est à ce moment-là que se développent les organes mâles et femelles).

Alors ? Bluffé ? Vous vous dites j'achète un livre pour tout apprendre sur l'art du potager en carré, je démarre tout juste la lecture de cette préface et de quoi me parle-t-on (contre toute attente) ? De fougères...

Et alors ? Pourquoi on ne parlerait pas de fougères ?

Tiens, saviez-vous que le génie de Michaël Barnsley (mathématicien américain) a été, dès 1988, de considérer la fougère comme un arbre fractal à trois branches ? C'est pas de la batavia ça ! Ni même de la laitue. Remarquez, pour ce qu'on la considère, la laitue, elle ferait bien de prendre exemple sur la fougère. C'est vrai, quand vous allez au restaurant, si vous demandez une salade de tomate, huit fois sur dix on vous apporte deux tranches de tomates qui se battent en duel, noyées dans une forêt de feuilles de laitue, à peine ou trop assaisonnée.

Une astuce pour manger à sa faim : dites que vous êtes allergique à la salade verte. En général, on n'osera pas vous servir une assiette à moitié vide et, comme par enchantement, ce sera l'opulence question tomate.

Cet exemple prend toute son ampleur lorsque vous demandez une salade niçoise sans salade verte. Essayez, c'est très drôle, ne serait-ce que pour voir la tête du serveur. En tout état de cause, les chances de vous délecter copieusement en seront décuplées.

Néanmoins, l'abus lié à la feuille de salade dans l'assiette du restaurateur n'est pas un cas isolé. Il y a également l'escroquerie au glaçon dans les discothèques. Demandez un verre de jus d'orange dans une boîte de nuit, vous aurez 3/4 de glace, pour 1/4 de jus.

Le summum, pour moi, c'est la discothèque qui fait restaurant. En suivant le précepte de « Monsieur, je suis désolé mais sachez que je suis allergique à la salade verte et aux glaçons », vous devriez à coup sûr être rassasié avant les slows.

Tout est question de dosage, d'amour et de voisinage. En effet, ce que je viens de dire à propos de la salade verte n'est pas tout à fait universel. Préparée avec amour, elle peut conduire au Nirvana. Et dégustée en bonne compagnie, alors là…

Au même titre que l'être humain va plus ou moins bien grandir, évoluer et se développer, grâce à (ou à cause de) tel ou tel environnement, il en va de même pour les pois mange-tout. Et ça, c'est l'essentiel.

Grâce à ce magnifique ouvrage sur l'art du potager en carré, vous allez en comprendre des choses ! Par exemple, que les haricots verts nains existent, mais surtout qu'ils adorent pousser à côté du maïs doux. Que si on hésite entre un légume grimpant ou non, il faut opter pour le grimpant. Et si vous avez des coins, plantez-y des choux, ils adorent s'épancher vers l'extérieur.

Franchement, voilà de l'information, du sens, de la curiosité. Pas comme tout ce qu'on nous assène à longueur de journée dans les médias, surtout en période de canicule comme aujourd'hui. Il fait 37 °C et j'écris cette préface à proximité de ma clim' encastrable LG… Quel luxe ! L'être humain est bizarre : vous lui annoncez que vous avez une Ferrari ou une Porsche, il trouvera ça limite normal, mais que votre habitation soit climatisée… alors là… La déférence habituellement lisible sur son visage laissera place à un regard haineux et méprisant, accompagné d'une interrogation vaguement dégoûtée : « Ah bon, t'as la clim ? »

« Ben oui, j'ai la clim. Et toi, en hiver, t'as pas de chauffage ? »

C'est bien fait, fallait pas me chercher.

Bon, je vais arrêter là, avec mes histoires de clim'. Les auteurs de ce recueil potager nous transmettent avec amour et délicatesse leur passion pour les blettes, les carottes et autres choux pommés. Saviez-vous que la bourrache doit être semée à raison de quatre pieds par case, et qu'une fois les fleurs fraîchement cueillies, elles donneront un magnifique goût de concombre à vos salades ? Quoi qu'il en soit, grâce à ce livre, les légumes, ainsi que la manière la plus efficace de les faire pousser, n'auront plus aucun secret pour vous. Si – et uniquement si – vous avez un quelconque désir de posséder un jour un jardin en carré. Dans le cas contraire, cet achat ne vous sera pas d'un grand intérêt. À part peut-être d'un point de vue purement décoratif (lié à la couleur de sa couverture, peut-être avantageuse dans votre bibliothèque).

De toute façon, maintenant que vous le possédez, faites-en bon usage. Ça vous apprendra à réfléchir avant d'acheter n'importe quoi. Les gens comme vous qui dépensent leur argent à tort et à travers, on les connaît par cœur, il faut qu'ils compensent un manque. Et s'il n'y avait pas eu cette préface pour vous faire un peu sourire, vous auriez perdu quatorze euros. Heureusement que j'ai anticipé. Mais considérez que vous êtes un chanceux. Comme vous l'imaginez, je ne pourrai pas écrire la préface de tous les livres que vous achetez n'importe comment.

Maintenant, refermez votre bouquin et allez regarder la télé, il y a peu de chance pour que vous appreniez quelque chose, mais là au moins, vous le saviez.

La vie du rail

Saint-Germain-en-Laye, magnifique ville de plus de 40 000 habitants où la politique personnalisée d'aide et de solidarité a été mise en œuvre avec succès, n'en finit pas de faire parler d'elle (surtout dans la région, mais c'est déjà ça).

Que feraient nos anciens sans la carte améthyste qui permet de voyager sur les réseaux RATP et SNCF Île-de-France, gratuitement ou à tarif réduit ? En deuxième classe, je précise (pour aller en banlieue ça suffit). Et que feraient-ils sans le tarif découverte Senior, proposé aux 60 ans et plus sur présentation d'un justificatif (25 % de réduction sur TGV, dans la limite des places disponibles, et dans les autres trains en période bleue) ? Sans oublier la carte

Senior (50 €) valable douze mois en trajet illimité (pas de supplément prévu pour les déambulateurs), laquelle permet de bénéficier de 50 % de réduction dans tous les TGV et autres trains en période bleue, et 25 % dans les autres cas pour voyager en Europe.

Quelles merveilles ! « Que la vie est belle quand elle est simplifiée », disait Guillotin qui n'a pas fait que des conneries, il en a dit aussi. Remarquez, à ses débuts, il n'était pas « dans le cou ». Oui... bon... je sais.

Pourquoi voulez-vous que la vie soit belle si elle est simple ? Aujourd'hui, on n'entend que ça partout, on est entouré d'objets « qui nous simplifient la vie ». Le problème, c'est qu'il y en a tellement qu'à un moment on sait plus où les mettre. La seule et unique chose qui nous simplifie la vie, c'est définitivement le placard. Et plus il est grand, plus il nous simplifie la vie. Merci au placard de nous simplifier la vie par rapport aux objets qui nous simplifient la vie. Où en étais-je ? Ah oui, merci au placard, mais surtout, merci à Émile Clapeyron, sans qui la vie du rail ferait bien grise mine aujourd'hui.

La question que sans aucun doute vous vous posez : « Mais qui est Émile Clapeyron ? » Eh bien, sans entrer dans le détail (de toute façon, j'en sais pas beaucoup plus), Émile Clapeyron (1799-1864) fut un brillant ingénieur et physicien français, qui participa à la construction du premier chemin de fer en France et, surtout, fut à l'initiative de la première ligne qui relia Paris à… je vous le donne en mille : Saint-Germain-en-Laye. Nous y voilà ! Grâce à cet homme, la vie des Saint-Germanois n'est plus tout à fait la même. Depuis ce jour, le banlieusard, congés payés en poche, allongé dans son transat sur la plage du Grau-du-Roi, répond à la question « Où habitez-vous ? » – posée par une touriste anglaise ou allemande en mal de soleil et de camping – un laconique : « Ben, à Paris ! ». Alors que c'est même pas vrai ! Il habite Saint-Germain-en-Laye ! Mais grâce à Émile Clapeyron, Saint-Germain, c'est un peu comme si c'était Paris.

Et puis comme chacun sait, si on veut « conclure », vaut mieux habiter la capitale.

Le moment est donc venu de te rendre

hommage, à toi, Émile Clapeyron. Toi qui as tant fait pour le banlieusard en général et le transport ferré en particulier. Je te consacre donc maintenant, et ce, en exclusivité mondiale depuis la création des hiéroglyphes, la première minute de silence par écrit. Chers lecteurs, afin de respecter cette minute de silence, il est très important, si vous n'avez pas de trotteuse ni encore moins de montre, de prendre le temps de lire la conjonction de coordination « et », située entre les chiffres. Vous êtes prêts ? Émile, cette minute de silence est la tienne.

1 et 2 et 3 et 4 et 5 et 6 et 7 et 8 et 9 et 10 et 11 et 12 et 13 et 14 et 15 et 16 et 17 et 18 et 19 et 20 et 21 et 22 et 23 et 24 et 25 et 26 et 27 et 28 et 29 et 30 et 31 et 32 et 33 et 34 et 35 et 36 et 37 et 38 et 39 et 40 et 41 et 42 et 43 et 44 et 45 et 46 et 47 et 48 et 49 et 50 et 51 et 52 et 53 et 54 et 55 et 56 et 57 et 58 et 59 et enfin 60. Merci pour lui.

L'ANNUAIRE DU 93

L'autre jour, c'était le soir, je me trouvais assis à une terrasse de café, lorsque la chaleur moite et précoce d'une mi-avril raviva ma libido fertile (tiens ça rime !). Il faut dire que plus les années passent et moins... Et pourtant ce soir-là, j'étais bien. J'étais seul, mais bien. À ma droite, dans le sens du bus Mairie d'ici Porte des Lilas, se trouvait assise une délicieuse teutonne d'une vingtaine d'années. Je songeai soudain qu'au bac, j'avais pris espagnol en option. Pour communiquer, ça n'allait pas être simple.

En même temps, pour ce qu'il me reste de cette magnifique langue, à part : « *Duerme, duerme, negrito,*

Que tu mamma esta en el campo, negrito ».

(Sublime chanson composée et interprétée par Atahualpa Yupanqui, l'histoire d'un petit garçon qui n'arrive pas à s'endormir et que l'on rassure en lui disant que sa mère est partie travailler. C'est chouette non ? Mais alors pour draguer...)

Enfin, je disais donc... Ah oui !... La teutonne... Comment l'aborder ? Eh bien, pourquoi pas avec la question la plus utilisée par les dragueurs français en mal d'inspiration. « Do you speak french ? » Classique. Logique. Mais quand même, demander à une Allemande, qui plus est en anglais, si elle parle français...

Quelle ne fut pas ma surprise lorsqu'elle me répondit « tak ». Elle était polonaise. Compte tenu de la période austère, chaste et monacale dans laquelle je me trouvais, cette réponse fit monter en moi l'émoi, la joie et surtout... Voilà.

« Je parle pas très mieux le français, me dit-elle.

— C'est pas grave, je suis prof, lui rétorquai-je.

— Ah oui... Ah oui... »

Avait-elle compris ou pas ? Dans un sursaut

de confiance, je n'hésitai pas à surenchérir avec un non moins galvaudé :

« C'est beau Paris, non ?

— Ah oui… Ah oui… »

Je décidai de passer à autre chose.

« Vous habitez Paris ?

— Non, moi, habiter Pantin, jeune fille au pair.

— Ah oui… Ah oui… » (C'était contagieux.)

Il y avait tellement longtemps que je rêvais de rencontrer une Polonaise, je devais sans plus attendre lui poser la question qui me hantait depuis plus de vingt ans.

« Vous avez des nouvelles de Gadocha ?

— Gadocha ? »

C'était pas possible, elle ne connaissait pas Gadocha ! L'un des plus grands footballeurs polonais des années 70 !

« Mais mon nom, c'est Gadocha.

— It is not possible, it's not true !

— Yes, it is true, mon père c'était footballeur, vous connaissez ? »

C'était pas possible, la fille Gadocha était devant moi et habitait dans le 93.

« Tu parles si je connais, avec Deyna et Lato ils ont marqué leur époque !

— Ah oui… Ah oui… (Ça recommençait.)

— Vous faites quoi à Pantin, à part jeune fille au pair ? lui demandai-je, dans un élan de passion romantique dévorante.

— Travail à mi-temps at Leclerc.

Avant que la monotonie du quotidien ne reprenne le dessus sur cette rencontre pour le moins inattendue, je lui proposai de venir boire un dernier verre chez moi (j'habite le 15e arrondissement, pour elle, c'était un peu la banlieue).

La réponse ne se fit pas attendre.

« Ah oui… Ah oui… », me répondit-elle d'une voix grave et presque belge. (Je m'excuse auprès des proches du roi Baudoin, mais un « Ah oui… Ah oui… » prononcé par un Belge est toujours plus grave que le « Ah oui… Ah oui… » d'un Chinois. C'est comme ça.) Enfin bref, elle était d'accord pour venir boire un verre chez moi, c'était le principal.

En attendant qu'elle règle sa consommation

et la mienne (c'est quand même moi qui avais fait le premier pas), je songeai que je n'avais rien à boire à la maison, à part l'eau du robinet. Remarquez, comme ça, elle pourrait faire la différence avec celle de Pantin. Grâce au métropolitain, nous nous retrouvâmes vite chez moi. Une fois la porte fermée à triple tour, grâce au verrou-tungstène-haute-sécurité-Fichet-acheté-en-promo-au-sous-sol-du-BHV, je lui lançai :

« Le dernier verre, tu veux le boire sur mon lit ou sur le canapé ? Il fait lit aussi.

— Debout c'est bien !

— No problem, lui dis-je, mais peut-être canapé c'est mieux ? »

Une fois sur le canapé (c'est quand même moi l'homme), je lui demandai si elle préférait un verre à pied, un gobelet ou une tasse (au niveau du contenant, c'était indéniablement l'opulence).

« Vous avez bol ? »

Allons-y pour un bol. En même temps, ça me faisait bizarre, la dernière fois que j'avais servi un bol d'eau, c'était pour mon teckel. Je ne sais si c'est la gêne ou la précipitation de mes propos, mais mon invitée surprise ne précisa à aucun moment ce qu'elle voulait boire... Quelle aubaine ! De retour de la cuisine, c'est à la façon de Marie-Claude Piétragalla dans *Le lac des Cygnes* que j'évitai, sur la pointe des pieds et le bol à la main, l'entrelacs de câbles péritels et satellitaires qui menaçait chacun de mes pas. Hormis la bonhomie joviale de mon corps, le tableau était visiblement peu attractif. Le malaise ambiant semblait propulser irrémédiablement Goulvenez Gadocha (son père avait quand même joué à Nantes) vers la sortie.

« Moi partir c'est mieux.

— D'accord, mais toi rester, c'est bien aussi.

— Non, non, nous pas nous connaître, tu peux téléphoner à moi 015732... »

« Raphaël, je m'en vais, je vais chez le coiffeur, tu penseras à faire pisser le chien ? »

Voilà. Une fois de plus ma femme venait de me réveiller en sursaut, pile au moment où j'allais récupérer un numéro. Dans un ultime réflexe, je m'emparai du pavé que vous avez entre les mains pour essayer de trouver la suite du numéro de Mlle Gadocha. Hélas, ma recherche fut vaine, même chez Leclerc.

C'est ainsi que la direction des annuaires du 93, après que je leur ai eu raconté mon histoire, accepta de me laisser préfacer cet ouvrage.

Cette préface est donc mon ultime espoir de la retrouver.

Si vous estimez qu'elle est un peu confuse, souvenez-vous : au départ, c'est quand même un rêve.

À l'arrivée aussi, qui sait…

Le Code civil

Problèmes de voisinage, conflit avec votre garagiste, différend conjugal, pas de souci : le Code civil répond à tout.

Toujours d'actualité, à mi-chemin entre le Quid et le Petit Larousse illustré, le Code civil, réclamé par le Premier Consul Bonaparte et rédigé il y a un peu plus de deux siècles, demeure un élément clé de l'unification juridique en France. Il est triste cependant de constater, qu'à la différence du Quid ou du Petit Larousse, vous n'y trouverez aucune image, et ça, c'est bien dommage. À quand le « Code civil illustré » ou le « Quiz Code civil » ? Rien de tel pour apprendre.

Exemple :

Art. 1376 : celui qui reçoit par erreur ou sciemment ce qui ne lui est pas dû *(entourer la bonne réponse)* :

a) S'oblige à planquer l'objet dans un coffre-fort pendant un an et un jour, avant d'en être définitivement propriétaire.

b) S'oblige à restituer l'objet à celui de qui il l'a indûment reçu.

c) S'oblige à regarder l'objet en disant « toi, t'es vraiment un veinard ».

Ce serait super, non ?

Quoi qu'il en soit, puisque vous tenez le Code civil entre vos mains, c'est que vous êtes sur le point de vous en servir, et vous avez raison. Bonaparte disait : « Ma vraie gloire n'est pas d'avoir gagné quarante batailles ; Waterloo effacera le souvenir de tant de victoires ; ce que rien n'effacera, ce qui vivra éternellement, c'est mon Code civil. »

La base des articles de loi est solide. Néanmoins, quelques modifications ponctuelles sont régulièrement apportées. Par exemple, en 1938, la capacité juridique de la femme mariée fut entérinée. Idem pour les couples homosexuels, longtemps ignorés par le droit français : la loi du 15 novembre 1999 mit un terme à cette discrimination.

S'il apporte à peu près réponse à tout, le Code civil peut parfois susciter la colère. On y apprend en effet que la notion de « vol entre époux » est juridiquement impossible. On voit qu'il ne connaissait pas ma femme ! Ah ! Que ne ferais-je pas pour un bon mot…

Bref, le Code civil ne s'égare pas, n'hésite pas, ne tergiverse pas, il est clair, limpide : il sait. Le Code civil est le livre de référence par excellence, on ne s'étonnera pas que plusieurs pays s'en soient inspirés.

« L'histoire, c'est la rencontre d'une volonté et d'un événement », disait Charles de Gaulle qui n'a pas connu son aéroport. En dehors de cette citation – qui n'a d'autre objectif que de me rendre intéressant – de vraies questions se posent à moi, mais peut-être pas à vous, chers lecteurs qui n'êtes pas aussi barrés que moi. Pourquoi appliquons-nous avec constance et obstination certains articles du Code civil (c'est valable également pour le code de la route), tandis que nous restons impassibles devant la cohorte éructante et vociférante de pseudo-spécialistes de la communication, qui passent leur temps à organiser des évènements sans savoir qu'« événement » s'écrit avec deux accents aigus ? En outre, j'en ai marre d'entendre mon coiffeur ou mon buraliste dire « il faut que je voiye ou c'est ce qu'ils croivent », et leurs « malgré que » m'arrachent les oreilles. Rendez-vous compte qu'il aura fallu attendre 1822 pour que Champollion redécouvre le sens des hiéroglyphes et cinq minutes pour que mon beau-frère trouve que le magasin est bien achalandé. Ce en quoi il veut dire qu'il y a beaucoup d'articles dans les rayons, alors qu'*achalandé* signifie « très peuplé ». Je passe sur « les voisins à ma mère » « les mille zexcuses » et « cent zeuros », héritage récent d'une culture approximative. Et s'il n'y avait que ça... Toutes les imbécillités du quotidien me dérangent. Ma boulangère, qui tous les jours, à peine ai-je choisi ma baguette, m'assène un « Et avec ceci ? ». Pourquoi, ça suffit pas ? Je suis sûr que si un jour je lui demandais dix baguettes, vicieuse comme elle est, elle serait capable de me demander « et avec ceci ? ». Il faudrait quoi ? Que j'achète tout le magasin pour qu'elle arrête de me poser la question ? Tiens, dans le genre, il y en a une autre qui est pas mal non plus : « Je ne suis pas là, cependant n'hésitez pas à me laisser un message après le bip sonore. » Pourquoi ? Il existe des bips non sonores ?

Au cinéma, alors là, c'est le feu d'artifice ! Et nous, plongés dans l'obscurité, nous subissons, impassibles. Par exemple, prenons les *Gremlins*, célèbre film de Steven Spielberg réalisé par Jo Dante. Le spectateur est littéralement transi d'amour devant cette magnifique boule de tendresse qu'est le « Gremlins ». Mais attention, aussi attendrissante soit-elle, il ne faut pas lui donner à manger après minuit, sinon elle se transforme en monstre. Et vous vous en souvenez sûrement, ça fait peur. L'histoire est belle, en même temps assez incompréhensible, parce que si on y réfléchit, à n'importe quelle heure du jour ou de la nuit, on est toujours après minuit. Et là, l'histoire n'est plus la même. Autre exemple, une phrase telle que « j'ai eu peur, mon cœur s'est mis à battre à 100 à l'heure ». Il y a un siècle, c'était bien. Ça avait du sens. Mais aujourd'hui, c'est ridicule : on roule à 130 sur autoroute et à plus de 500 dans les TGV.

Tout comme le Code civil, pourquoi ne modifierait-on pas les vieilles expressions françaises en les adaptant au quotidien ?

Ainsi va la vie. Et avant de vous laisser taquiner l'article de loi, voici une phrase qui aurait pu m'horripiler mais au contraire me remplit de joie : « Mon mari va mieux, il a pris de la courtisane. »

Allez, bonne lecture.

Le code Rousseau

Qui n'a pas eu un jour envie d'apprendre à conduire ?

Entre l'ambition dévorante de vouloir être le premier de sa rue et la jouissance que peut engendrer un levier de vitesses, un jour, on décide de franchir le pas.

« Alors, t'avances espèce d'imbécile », « Ah ben ! Ça m'étonne pas ! Une femme au volant... », « Eh ! Retourne dans ta province, péquenaud ».

Vous-même, puisque vous venez d'acheter ce code Rousseau... enfin, il se peut que vous l'ayez hérité de l'un de vos proches qui viendrait d'avoir son permis. Quoi qu'il en soit, vous allez voir, futur ex-piéton, c'est une expérience fantastique. Jusqu'à présent vous observiez, perplexe, l'agressivité du chauffeur de taxi vociférant injures *et* insultes (considérant que le premier est plus fort que le second, je me suis permis de les associer) à l'encontre du bipède qui n'a pas mis son clignotant pour tourner, ou l'hystérie enrouée de Tonton Marcel (quand Tonton Marcel s'énerve, il n'a plus de voix) à la seule vue d'un 4 × 4, lequel, justement, lui bouche la vue. Ça donne envie, non ?

Un individu charmant devient presque à tous les coups un conducteur exécrable. Oui, je sais, vous ne comprenez pas comment c'est possible. Mais c'est comme ça. Ça vient naturellement, sans y penser, et sans s'en rendre compte. Le fanatisme dans les stades n'est qu'un épiphénomène comparé à la furie diabolique qui s'empare de l'automobiliste engoncé dans sa suffisance lorsque, sur le point de démarrer, il enfonce son pied sur sa pédale de droite pour être le premier à bénéficier des soldes annuels de chez Mondial Moquette, le plus grand soldeur de moquettes. Posons-nous alors la question. Est-ce que conduire rend fou ? Plus précisément : conduire un tracteur John

Dear-28-chevaux-quatre-roues-motrices sur champ de colza rend-il moins dingue que conduire une BMW série sept sur asphalte ? J'ai beau retourner la question dans tous les sens, hélas, j'ai pas la réponse. Pourtant, au départ, le fait de pouvoir, savoir ou bien vouloir conduire part d'un bon sentiment. Difficile de charger le coffre de son véhicule sur le parking d'Auchan... quand on n'a pas de véhicule. Ne serait-ce que pour ça, ça vaut le coup de passer son permis. Mais de là à se la péter grave parce qu'on a la malle remplie de yaourts goût bulgare empaquetés par 24, de papier toilette senteur violette, lavande, ou chèvrefeuille, ou encore de litière pour chat par sacs de 10 kilos (c'est moins cher), c'est pas sûr que ça vaille le coup.

Ah ! Voilà. Je viens de mettre le doigt sur une évidence qui explique à elle seule la raison d'être du permis de conduire et qui tient en un seul mot : fierté. Pourquoi diable est-on « fier » d'avoir son permis de conduire ? Je me souviens d'un dénommé Christophe Pelletier (de son vrai nom, Christophe Pellettier, que je nommerai

Christophe Pelletier pour pas qu'on le reconnaisse) dans ma classe de terminale G3 au lycée Chrétien de Troyes. Christophe Pelletier a autant fait pour la promo du code Rousseau dans l'Aube au début des années 80 que Christiane Taubira pour la réélection de Jacques Chirac. Je crois que la bêtise de cet individu (qui était dans ma classe) n'a jamais eu d'égale dans la région, ni probablement au niveau national. Il était tellement bête que c'en devenait de la poésie. Un an pour avoir son code, un an pour la conduite, si c'est pas du record ! Remarquez, je suis méchant, il avait le « talent » d'être honnête.

À la question « What are you doing ? », régulièrement posée par la prof d'anglais, il avait pour habitude de répondre :

« Ben ! Je révise mon permis, M'dame ! »

Après un « get out » bien mérité, il allait rejoindre l'étude, la queue entre les jambes et le code Rousseau dans la main gauche.

À ce jour, je ne sais toujours pas s'il a fini par obtenir son permis.

À la fin de notre deuxième terminale (je me suis beaucoup inspiré de Christophe Pelletier, j'étais très influençable) et après qu'il eut échoué à cinq reprises à l'examen de conduite, au retour de sa sixième tentative, je lui posai la question fatidique :

« Alors ! Pelletier, tu l'as eu ton permis ? »

Je me souviendrai à vie de sa réponse (comme du but à la 26e minute et des 25 mètres de Arie Haan pour les Pays-Bas, face aux Allemands de Sepp Maier lors de la coupe du monde 78). Une réponse qui aurait dû être logiquement oui ou non, et qui fut :

« Ah ! Bah ! Je sais pas, j'ai pas encore les résultats. »

Voilà. Comme s'il venait de passer le concours d'entrée pour Sciences-Po, et qu'il était condamné à attendre le verdict. Un autre copain ex-voyou (quoique) est allé passer son permis en voiture. Garé en double file, il a lancé à l'examinateur : « Monsieur, on en a pour longtemps ? Parce que je suis mal garé. »

Je vous promets que c'est vrai, je l'ai vu.

Que ne ferait-on pas pour cet indispensable papier rose, symbole de fierté (on y revient) et synonyme de liberté ? Merci à toi, code

Rousseau, d'avoir réjoui « l'adolescence » de milliers de Christophe Pelletier en herbe.

Un permis de conduire, c'est pas rien, et ça s'arrose ! Ma première cuite célébrait l'obtention du triple feuillet tant convoité et la disparition de Tino Rossi, c'était la même semaine, pourquoi se priver ? Je n'insisterai jamais assez. Grâce à toi, code Rousseau, je sais faire, depuis ce jour, la différence entre un kir champagne, mûre, cassis ou framboise et le classique kir au vin blanc, largement suffisant pour égayer mon palais, chavirer mes pensées, et troubler l'assemblée tellement j'étais bourré. De toute façon, c'était pas un problème de fêter mon permis avec de l'alcool… j'avais pas de voiture. Enfin, pas encore. À la sortie de mon premier coma éthylique, un gros paquet m'attendait dans le garage familial, entouré d'un énorme nœud papillon.

« C'est pas vrai ! C'est pour moi ! » pensais-je très fort. Je m'approchais, tandis que mes parents, très fiers et en même temps crispés, attendaient, le visage illuminé, que le ruban dénoué laisse apparaître la plus belle surprise de ma vie de jeune adulte. L'impatience, la joie et la découverte firent vite place à l'interrogation. Je venais de recevoir en cadeau… une voiture sans permis. Pourquoi ça ? Qu'avais-je fait de mal ? Certes, j'avais pas eu mon permis du premier coup, mais de là à m'humilier de la sorte !

Enfin, c'était pas si grave… Je pris la voiture, abandonnai le nœud (la plaisanterie a des limites) et partis rejoindre mon destin au ralenti, salué par les klaxons goguenards des automobiles qui me suivaient.

À vie, code Rousseau, j'aurais une pensée pour toi… Merci.

Le Coran

Le Coran regroupe les paroles divines qui, selon la tradition musulmane, ont été transmises au prophète Mahomet (محمد, *Muhammad*). Après plusieurs rendez-vous ratés par ma faute, ne sachant pas dessiner, et désireux de ne pas commettre d'impairs (pour des raisons personnelles), je suis dans l'impossibilité d'écrire quelque préface que ce soit sur le sujet. Merci de votre compréhension.

Mode d'emploi du magnétoscope JVC HR 7600 S

Si j'ai accepté d'écrire cette préface, c'est surtout pour vous remercier, vous M. JVC, créateur du système VHS, d'avoir pris en considération toutes les lettres de réclamation que vous avez reçues depuis deux ans. Bien sûr, comment ne pas avoir songé plus tôt au chargement frontal ? Après un joli coup d'essai avec le HR 7700, vous vous surpassez avec votre nouveau modèle, le HR 7600 S, également disponible sous les marques Thomson, Brandt ou Pathé Marconi. Il y a deux ans, je me souviens, la vidéo était magique, avec quand même quelques airs moyenâgeux, mais magique tout de même. Il fallait introduire la cassette dans la trappe supérieure, appuyer dessus avec l'index, laisser la bande magnétique un demi-pouce trouver le chemin du tambour de lecture, pour enfin enregistrer et regarder à loisir les jeux de 20 heures, Patrick Sabatier, « Alain Decaux raconte » et autres émissions phares du petit écran de la fin des années 70. Certes, me direz-vous, l'arrêt sur image n'était pas au top, malgré le correcteur d'axe de bande dit « tracking », mais quand même, on pouvait revoir Alain Decaux, et c'était l'essentiel. Après ce petit aparté technique qui a son importance pour les passionnés de vidéo (les autres on s'en fout), il importe maintenant de se pencher sur le côté pratique de l'objet. J'ai eu l'occasion de vous expliquer à plusieurs reprises que, compte tenu de l'exiguïté de la pièce principale de mon appartement, il m'était impossible de satisfaire ma passion dévorante pour la vidéo, ainsi que celle pour mes poissons rouges, petits anges de six mois à l'époque (décédés aujourd'hui). Souvenez-vous, je vous expliquais, photo à l'appui, que le bocal à poissons ne pouvait être placé, faute de place, qu'au-dessus du magnétoscope. Hélas ! Impossible… Il y avait la trappe pour la cassette VHS. Ça a quand même coûté la vie à « pépère », mon premier poisson.

C'est simple, j'avais glissé Noël Mamère dans le lecteur enregistreur, j'ai refermé la trappe, posé pépère dessus. Mais oh, stupeur, c'était pas Noël Mamère, mais Dorothée avec son Récré A 2. Machinalement, j'ai éjecté la cassette. (Hélas, j'avais oublié « pépère » qui a fait un bond d'un mètre, suivi de près par Dorothée). Les interstices du radiateur et l'hiver rigoureux ont eu raison de lui. Vous vous rendez compte, si j'avais eu plus de compassion pour Dorothée, mon poisson serait toujours en vie.

Aujourd'hui, grâce au génie sans cesse renouvelé des ingénieurs de chez JVC, aux quatre patins de feutrine d'un demi-centimètre et à une plaque de verre fumé 25/35 centimètres, mes deux nouveaux poissons Titus et Bérénice peuvent enfin vivre en paix, bercés par le ronronnement de la bande magnétique voyageant autour du tambour de lecture, tandis que je regarde tous mes programmes préférés y compris... Dorothée.

Combien de temps mes poissons vivront-ils au-dessus du HR 7 600 S ? Pour l'instant, c'est l'inconnu. Ce qui est sûr, c'est que sur le plan technique, il s'agit d'un grand pas en avant. Le chargement frontal réduira la taille des machines, l'arrivée annoncée des trois et quatre têtes permettra un ralenti quasi parfait. Le seul point d'interrogation pour le moment demeure le prix et la durée de vie des cassettes VHS. Aux alentours de 100 F pour une E180. Avec un SMIC mensuel à 2634,62 F au 1er juin 1981, ça reste encore un produit cher. J'imagine cependant qu'à l'avenir son prix devrait fondre au soleil, de manière inversement proportionnelle aux progrès et à la demande engendrée par ce nouveau « phénomène de mode ». Il est très important de signaler aux lecteurs de ce mode d'emploi que le HR 7600 S est également utilisable si vous ne possédez pas de poissons rouges. Facile à installer, simple à utiliser, lové dans votre meuble en chêne massif (en merisier si vous avez les moyens, en panneaux de particules si vous êtes pauvre et que vous n'ayez aucun goût), il fera le bonheur de toute votre famille. Quoi qu'il arrive, vous avez fait un excellent achat. La cassette vierge de 30 minutes livrée avec le magnétoscope ne vous permettra d'enregistrer que 30 minutes (cette précision a son importance si vous êtes idiot, pour les autres, faites comme si vous n'aviez rien lu).

Il est grand temps de vous laisser découvrir la pyramide de Chéops de la technologie, septième merveille de ce monde parallèle, virtuel et éternel... Vivement quand même l'arrivée du DVD.

Le Nouveau Testament
(résumé des épisodes précédents)

Après un cataclysme intersidéral, la création de la lumière et des ténèbres, des grands animaux et des plantes vertes, le premier homme apparut. Il n'avait ni père ni mère, pourtant on l'appela Adam. Adam vivait sur le paradis terrestre. L'opulence de la végétation, la luxuriance du paysage et l'abondance des fruits lui firent passer d'agréables moments, mais hélas seul.

D'un tempérament néanmoins partageur et n'en pouvant plus, il décida de se confier à son créateur Dieu, lui faisant comprendre qu'une compagnie, si possible féminine, lui ferait le plus grand bien. C'est ainsi qu'Ève fit son apparition. Tout se passait pour le mieux dans le meilleur des mondes, tant et si bien qu'ils eurent deux enfants

Caïn et Abel. Avec ses agneaux en guise d'offrande, Abel, chouchou de Dieu, déclencha la jalousie de Caïn, un peu ridicule avec ses paniers garnis de fruits et légumes (car, comme chacun sait, Dieu n'est pas végétarien). Excédé, Caïn tua son frère [1] (dans la région ils avaient le sang chaud). La gravité de cet acte poussa Dieu à punir Caïn en le condamnant à errer loin de tout. Pendant ce temps, Adam et Ève donnèrent naissance à un troisième fils, Seth, beaucoup moins médiatique que les deux premiers, mais c'est comme ça. Les deux fils donnèrent eux-mêmes naissance à d'autres, qui se multiplièrent et ainsi de suite. À l'époque, les régions les plus peuplées étaient la Palestine et la Mésopotamie, où la tension était plus que palpable (étonnant). Dieu, n'en pouvant plus de ces conflits incessants, passa un accord avec Noé, le seul homme droit et juste. Vous connaissez la suite. Arrivé à destination sur le mont Ararat, Noé et sa femme donnèrent

1. *Sur la totalité des personnes vivant sur terre à cette époque, 25 % moururent assassinées. Par chance — que les autorités se rassurent — les chiffres sont en nette diminution aujourd'hui.*

naissance à trois fils, Sem, Cham et Japhet, lesquels donnèrent à leur tour naissance, etc.

Après, vous avez l'histoire de la tour de Babel que je ne résumerai pas (trop intéressante, vaut mieux la lire en entier)

Ensuite, Abraham, le patriarche, entre en lice. Il donne d'abord un enfant à sa servante (qu'ils prénommeront Ismaël) puis à sa femme. Isaac, son deuxième fils, ne tardera pas (en tout cas à sa majorité) à épouser Rébecca. (Je résume rapide, là.)

Pause : jusqu'à présent les principaux acteurs cités sont des hommes, rassurez-vous… ça va durer.

Ésaü et Jacob, fils de Rébecca et Isaac, fonderont à leur tour leurs propres familles. Jacob, surtout, mettra le paquet avec douze fils, dont un leader : Joseph. Toute cette descendance s'établira durablement en Égypte. Mais voilà un nouveau rebondissement : les Hébreux ne sont pas les bienvenus au pays du pharaon, qui ordonne la mise à mort de tous les nouveau-nés. Tous meurent sauf un, Moïse, sauvé des eaux (comme son nom l'indique, si vous comprenez la langue) par la fille de pharaon. Moïse, très subtil et sympathique, passe toute son enfance et son adolescence à la cour royale. Jeune adulte et toujours égyptien, Moïse tombe sur une scène de flagellation d'un ouvrier juif par un contremaître égyptien. Son sang ne fait qu'un tour, il s'empare d'une pierre et frappe mortellement le « flagelleur ». À cet instant précis, Moïse change de camp et retrouve ses frères hébreux, qu'il libère de l'esclavage. S'ensuivent la traversée du désert, la manne céleste et les dix commandements toujours en vigueur aujourd'hui. (Nous ne parlerons pas du Veau d'Or, certains événements doivent être oubliés.) Comme Dieu l'avait promis, Moïse meurt sur le mont Nébo, au bord du lac de Tibériade, juste devant le pays où coulent le lait et le miel. C'est Josué qui prend le relais, en conduisant son peuple à destination. Non sans difficultés, querelles et batailles… Comme d'hab'. La lutte la plus féroce reste celle contre les Philistins et leur leader, le géant Goliath. David, frêle berger hébreu, n'en fait pourtant qu'une bouchée, grâce à sa fronde et devient le nouveau porte-parole du peuple juif et très vite son roi, en lieu et place de Saül.

Le roi David engendre Salomon qui engendre Roboam qui engendre Abia qui engendre Asa qui engendre Josaphat qui engendre Joram qui engendre Osias qui engendre Joatham qui engendre Achaz qui engendre Ézéchias qui engendre Manassé qui engendre Amon qui engendre Josias qui engendre Jéconias qui engendre (après la déportation à Babylone) Salathiel qui engendre Zorobabel qui engendre Abiud qui engendre Éliakim qui engendre Azor qui engendre Sadok qui engendre Achim, qui engendre élude, qui engendre Éléazar, qui engendre Matthan, qui engendre Jacob, qui engendre Joseph (le charpentier) qui engendre avec Marie (femme au foyer) Jésus, auquel on a consacré cet ouvrage que vous tenez entre vos mains, intitulé « le Nouveau Testament ».

Pour la petite histoire, vous aurez remarqué l'inventivité de nos aînés en ce qui concerne les prénoms. De David à Jésus, y'en a pas un qui s'appelle pareil… Respect.

Le Petit Larousse illustré

C'est le sourire aux lèvres et le stylo à la main, conjurant le sort après une scolarité un tantinet bancale (surtout à cause des dictées, en maths j'étais pas mauvais), et grâce à ma victoire lors d'un jeu sur France 3, que j'ai le plaisir aujourd'hui d'écrire la préface du Petit Larousse illustré. (Pour une fois que France 3 n'offre pas de cadeaux ringards.)

À l'annonce des résultats, l'ostinato de mon cœur (*nom masculin italien : motif mélodique ou rythmique répété obstinément à la base d'une œuvre, p. 728*) me fit passer de l'ire (*n.f. [du lat. ira], litt. vx. : colère, p. 559*) à la joie (*p. 569*).

Complètement chamboulé, je restai pétrifié durant plusieurs minutes, céranne (*adjectif : gré céranne, gré vitrifié dans la masse, p. 191*) et tellement bouche bée, que si j'avais été une mouche, on aurait pu voir mon labium (*nom masculin : pièce inférieure de l'appareil buccal des insectes, p. 579*). Bref je n'en croyais pas mes oreilles. Le Petit Larousse illustré ! Quelle chance, j'aurais pu tomber sur la version non illustrée. Ça aurait été dommage. Par exemple, si vous savez pas ce qu'est un merle, si vous êtes complètement inculte et que vous vous moquiez de la nature (parce que des merles dans la nature, y'en a un paquet, il faut vraiment le faire exprès pour pas les reconnaître) et ben, grâce au Petit Larousse illustré, instantanément, vous comprendrez qu'il s'agit d'un oiseau. Non pas le jaune et bleu du milieu de la page 646, c'est une mésange. Celui un peu plus haut à gauche, tout noir avec le bout du bec qui rebique. Ce qui est formidable, c'est que pour le même prix, il figure en photo avec sa fiancée, la merlette (beaucoup plus claire). Ça, c'est de l'info. Claire, nette et précise. Il importe néanmoins de ne pas tout prendre pour argent comptant. En effet, le titre quelque peu racoleur peut semer la confusion. Certes, le Petit Larousse est illustré, mais hélas, tout le monde ne peut pas se targuer d'avoir sa photo. Pourquoi la mésange et le mérou, toujours page 646, ont-ils leur photo, et pas le Mérovingien ou le mesclun ? D'ailleurs ceci n'est pas propre au mesclun, rares sont les photos de salades, excepté le pourpier (page 813) et la laitue (page 582), figurant en très bonne compagnie auprès du lamantin et du lama (qui ne sont pas des salades, je précise).

En tout cas, si le dictionnaire en général et le Petit Larousse illustré en particulier n'existaient pas, Empédocle (*p. 1304*) n'aurait pas droit de cité, et là, ce serait bien dommage. Je vous sens exalté, vous trémoussant sur votre siège et vous torturant le cerveau, à la simple évocation d'Empédocle. Précisons donc qui est cet homme, et le bien qu'il a fait. Vous, cher lecteur consentant, il va sans dire que vous le savez, mais en va-t-il de même pour vos proches ou votre famille qui tiendront cette préface entre leurs mains, c'est moins sûr. Endymion sur la même page, je vous l'accorde, peut susciter l'interrogation, bien qu'ayant été touché par la main de Dieu, du moins Zeus, duquel il obtint de conserver sa beauté dans un sommeil éternel. Alors que Jeanne Moreau n'a même pas fait appel à Dieu de son vivant. Il se peut que, malgré tout, vous n'en ayez jamais entendu parler, et, je vous l'accorde, … c'est pas grave. Mais Empédocle, là, non. Ce n'est pas normal. Afin de colmater les lacunes de votre entourage, voici la définition *in extenso* (c'est du latin) qui correspond au mot Empédocle (c'est du grec) dans cet ouvrage.

Empédocle : *Agrigente v. 490 v. 435 av. J.-C. Philosophe grec présocratique. La sagesse qu'il enseigna repose sur une cosmogonie assimilant le devenir du monde à un cycle, où les rapports des quatre éléments sont régis par l'amour qui unit et la haine qui divise. Il aurait choisi de mourir en se jetant dans l'Etna.*

Voilà, j'en ai fini de cette préface.

Petite précision tout de même : s'il vous semble que tous les mots, ou les histoires qui se suivent, n'ont pas forcément de liens entre eux, c'est normal. Il s'agit d'un dictionnaire.

Bonne lecture.

Le petit livre rouge

Mon très cher camarade Mao, c'est à toi que je m'adresse. Il y a plus de trente ans que tu nous as quittés mais tu nous manques toujours. Alphonse Allais disait « les cimetières sont remplis de gens irremplaçables ».

« Qui ont tous été remplacés », ajoutait Georges Clemenceau.

Mais toi, non. Tu n'as pas été remplacé. Tu as tant fait pour la mort en général et celle du Chinois en particulier, que je ne pouvais rater cette occasion (les trente ans de ta disparition et la sortie de ce magnifique coffret « *De la bibliothèque rose au petit livre rouge il n'y a qu'un pas* ») pour te déifier, te glorifier, bref écrire ta préface. Je sais, cela peut paraître étonnant, je n'ai aucun ami chinois, je ne suis jamais allé en Chine, mais tu vois, le piston, ça aide. Bah oui, enfin sans entrer dans les détails, c'est ma cousine qui était en stage chez ton éditeur, lequel est tombé fou amoureux d'elle, et quand on est amoureux ont fait n'importe quoi. Bref, de fil en aiguille, j'ai hérité du bébé. Je suis très fier d'être ton préfaceur parce que je t'ai toujours aimé et considéré, bien qu'étant occidental, européen, français, et même champenois comme Patrick Poivre d'Arvor [1] (dont j'ai adoré les commentaires lors de l'élection du président Sarkozy à qui on a reproché d'être allé dîner au Fouquet's. C'est quand même pas de sa faute si le résultat des élections tombe pendant l'heure du repas). Je t'ai aimé car tu étais l'un des rares Chinois à avoir de la sympathie pour les animaux et ça, ça m'a touché. Même si tu as toujours refusé de jouer avec ton chien à « ramène-moi le bâton », car il n'était pas envisageable pour toi de jouer avec de la nourriture. Toi au moins, t'étais un vrai

1. Brillant présentateur télé, très connu à l'époque où j'écrivais ce livre, et supporter du stade de Reims.

communiste, un leader, un timonier. Les révolutions sont toujours plus belles au départ. La difficulté est de préserver ses convictions, et de ce point de vue t'es nickel, t'as tout bien gardé. Aussi, afin de t'exprimer mon respect comme il se doit, et dans l'hypothèse d'une éventuelle réincarnation poste à poste en Europe, voici un petit condensé des origines et des meilleurs moments de la fête de la Toussaint.

La fête de la Toussaint, dite fête du 1er novembre, nous vient des Celtes (un petit peu les Vietnamiens pour vous). Elle témoigne de l'espérance chrétienne face à la mort. Comme son nom l'indique, c'est la fête de tous les saints. Son rôle est de nous rappeler qu'après notre passage sur terre, la vie ne sera pas détruite, mais tout simplement transformée. Les morts et les vivants sont tous là, fidèles au rendez-vous. La mort est la suite logique de la vie (même si on t'a pas connu). C'est en même temps la fête de la vie éternelle. Bref, la Toussaint, c'est la journée portes-ouvertes dans tous les cimetières. Les morts trinquent avec les vivants (et réciproquement), en nous rappelant que chacun est associé à la résurrection du Christ et à son bonheur éternel. Attention quand même, l'ouverture des portes peut engendrer l'intrusion d'esprits maléfiques.

Pour le moment ça ne t'évoque rien, mais prépare-toi.

Historiquement, cette fête date du VIIIe siècle. Elle commémore la divinité Samhain (ce qui signifie, en irlandais, « fin de l'été ») et la fête du nouvel an, marquant le début de l'hiver. Pour lutter contre cette dernière, Charlemagne créa la fête de tous les saints le 1er novembre, leurs esprits se substituant à ceux des morts. Ça fait du bien un peu de culture, n'est-ce pas ? C'est pas fini.

C'est en 835, grâce au fils de Charlemagne (Louis le Pieux) que la fête de la Toussaint fut instituée en France. En 1580, le pape Sixte IV la désigna comme grande fête chrétienne. Et, au début du XXe siècle, Pie X en fit une fête avec obligation d'assister à la messe.

Voilà, pour être complet sur le sujet. Et si d'aventure tu devais passer de trépas à vie (en bon chrétien) voici quelques horaires de messes dans le 13e arrondissement de Paris, comme ça, tu seras pas complètement dépaysé :

Église Notre-Dame de la Sagesse
2 place Jean-Vilar
75 013 Paris
Tous les dimanches liturgie à 18 h 30

Paroisse Saint Albert le Grand
122 rue de la Glacière
75 013 Paris

Office religieux tous les dimanches 8 h 30,
11 heures et 19 heures
En semaine à 8 h 30 sauf le mardi à 19 heures

Les fourmis

Cricri cricri cricri, pss pss pss, cricri cricri cricri.

Ah bon. Ben oui. Rendez-vous compte, vous avez entre les mains un roman dont les héros sont les fourmis. Il faut être gonflé quand même, n'avoir peur de rien. D'habitude, chez Ève Angéli ou Loana [1], nouvelles Paris Hilton de la littérature, les héros sont plutôt les blaireaux. Alors là, vous imaginez ? Toutes ces pages consacrées à de minuscules insectes... Remarquez, ils sont nombreux. Et ça lui a demandé un sacré boulot à Bernard Werber, je le sais, je le connais bien. Je l'ai rencontré à

1. Si vous lisez ce livre en 2010, et que vous ignoriez qui sont Ève Angeli et Loana, ce n'est pas grave.

l'époque où il avait des cheveux, tellement de cheveux qu'on était obligé de lui faire des tresses. Les temps ont bien changé. Ado très agité, il courait partout. Et quand il voyait quelqu'un foncer sur le bitume, il fallait absolument qu'il le dépasse, car c'était capital pour lui d'être le premier. Est-ce les fourmis dans les jambes qui ont engendré ce pavé ? Je ne sais pas. En tout cas, plus qu'un roman, il s'agit là d'un conte, qui a demandé à son auteur douze ans de travail, au rythme de quatre heures trente d'écriture tous les matins. Voyons... Quatre heures trente d'écriture tous les matins... Sachant que la matinée s'arrête à midi, et que c'est pile l'heure à laquelle je me réveille, à aucun moment je n'aurais pu le voir écrire. Remarquez, à aucun moment il n'aurait pu me voir dormir, je suis sûr que ça aurait pu l'inspirer. Surtout que moi, ce qui hantait mes rêves de jeune homme, c'était ma voisine du dernier. Mais de là à en faire un roman ! Au niveau pilosité, c'était pas une fourmi, mais plutôt une scutigère véloce, représentante de la famille des scutigéromorphes, petites bêtes situées entre la scolopendre et le mille-pattes.

Sous les bras, en revanche, on était plus proche du nid d'hirondelles.

On choisit pas sa famille, certes, mais on choisit pas ses voisins non plus.

Elle, on s'en serait passé, surtout dans l'ascenseur. Boudinée dans sa robe rose bonbon à bretelles violettes, annonciatrice précoce d'un été torride (on était quand même en février), elle avait pour habitude de nous abreuver, au quotidien et aux heures de pointe, de ses sempiternels « Alors, madame Picard, quel étage ? » « Troisième ? » « Vous, quatrième, deuxième, quatrième et... Troisième ».

Dans son rôle de liftier bénévole, c'était son « kif » de jouer les Bertrand Renard [1] d'ascenseur, et contre ça, on ne pouvait rien. On a bien essayé d'intervenir auprès du syndic de l'immeuble, mais que pouvait-il faire ? D'ailleurs il n'a rien fait. Pire que tout, il nous a encouragés à être plus sympathiques avec elle. Il nous faisait marrer

1. Vous ne pensez quand même pas que je vais vous dire qui est Bertrand Renard !

le syndic, c'est pas lui qui prenait l'ascenseur tous les jours.

Drôle de cheminement : écrire la préface des « fourmis », et en arriver à parler d'ascenseur. Remarquez, pourquoi pas. En tout cas, il faudrait que je lui pose la question un jour, pourquoi les fourmis ? Tiens, ben je vais appeler Bernard, c'est mieux. (Quand on ne sait pas, il faut bien appeler.)

Alors... Mon téléphone... Valérie, Véronique, Virginie, Viviane (tiens une vieille) Werber, voilà, Bernard Werber... Je compose... Mince, c'est le répondeur : « Bonjour, vous êtes bien chez Bernard Werber, je ne suis pas là, cependant vous pouvez me laisser un message après le bip, pour des raisons professionnelles, vous pouvez également me laisser un message après le bip, de toute façon c'est le même numéro. Bip. »

« Eh ! Salut Bernard, c'est Raphaël, tu m'as demandé gentiment de faire la préface de ton bouquin, là, j'en suis au milieu, je cale un peu, et puis surtout, t'es sûr que tu t'es pas embarqué dans une galère ? Parce que... bon... les fourmis… Euh… c'est pas trop l'animal préféré des Français. T'aurais écrit “le chien”… Enfin, je veux pas te décourager. Rappelle-moi. Salut. »

Voilà. Bon, on va voir s'il me rappelle, en tout cas j'ai été obligé de lui dire la vérité. Bosser douze ans pour vendre trois livres…

Dring, dring…

« Allô… Ah ! Bernard ! Oui…

— J'ai vu que tu m'avais appelé, je sors de chez mon éditeur, tout le monde est très enthousiaste, on n'attend plus que ta préface.

— Non, j'appelais pour prendre des nouvelles, et pour savoir pourquoi t'a pas fait un livre sur les chiens ? J'en suis au milieu de ta préface, et je cale un peu. Je peux te poser deux questions ?

— Bien sûr, je t'en prie.

— Des fourmis, t'en as déjà eu ?

— J'ai eu l'occasion de les observer, plus exactement.

— Tu leur avais donné des noms ?

— Non.

— OK… Après les fourmis, est-ce que tu penses faire un livre sur les gambas ? Tu sais, c'est intéressant, comment elles vivent, comment elles se reproduisent, par contre je ne sais pas s'il existe une reine des gambas.

— Non, ça ne me dit rien, mais pour répondre à ta question, moi ce qui m'intéresse, c'est le parallèle homme/animal/société. Et les similitudes hommes/fourmis sont étonnantes, tu vas voir, c'est bluffant.

— D'accord... Autre question... Si tu devais partir en vacances, en Touraine, qu'emporterais-tu avec toi comme livre, et pourquoi la Touraine ?

— Euh !... *Le Château de ma mère*, parce que... on n'a pas eu de château.

— D'accord... Eh bien je te remercie, pour la préface j'ai ce qu'il me faut. Tu fais une soirée loups-garous prochainement ? Il faudrait que tu m'expliques la règle, j'ai toujours rien compris.

— Tu es le bienvenu, j'en fais une le 12, je t'expliquerai comment ça marche.

— OK... Une dernière question... Euh... Non ça ira.

— Très bien. Salut !

— Salut ! »

Les fourmis

Le pauvre, je suis pas sûr qu'il fasse bonne route avec ses « fourmis »... Pourquoi pas un livre sur les papillons ou les terriens ? Enfin... c'est mon ami, il voulait que je lui fasse sa préface... Eh bien voilà.

Les Misérables

« Mais oui Victor, d'accord, y a pas de problème... Je t'ai dit, j'ai qu'une parole d'homme, je te connais depuis trente ans, je sais qu'en ce moment tu es dans le besoin, non je rigole, on se voit demain, et on fait un point. Je suis obligé de te mettre à la porte, là, parce que ma femme ne va pas tarder à rentrer. »

Trop sympa, Victor Hugo, c'était tellement peu probable qu'on soit copains, et pourtant...

C'est au détour d'un chemin, que nos routes se... Non, c'est plutôt au détour d'une route que nos chemins se sont croisés. Il était là, assis sur un banc, le regard médusé en direction des calèches qui passaient (je me mets à sa place, les chevaux noirs, ça se marie avec tout, et puis ça met bien mieux en évidence la calèche). Mais peut-être ne pensait-il pas du tout à ça, je suis bête, j'aurais dû lui poser la question, au contraire, j'ai fait comme si de rien n'était.

« Vous préférez les bancs ou les chaises ? »

Imperturbable, les yeux toujours rivés sur les quadrupèdes (c'est vrai, j'aurais pu écrire chevaux, mais comme je l'avais dit avant… Il est de très mauvais goût, dans quelque œuvre artistique que ce soit, en particulier littéraire, de s'autoriser des répétitions, même si c'est pour préfacer le dernier bouquin de mon ami Victor). Imperturbable donc, je surenchéris avec un : « Je peux m'asseoir ? » Toujours rien.

« Vous avez vu la Concorde aujourd'hui, c'est complètement bouché.

— Vous avez raison, regardez la taille des calèches dans Paris, c'est de plus en plus impraticable, et puis cette mode du tractage quatre chevaux, la place que ça prend, heureusement qu'on nous a installé des couloirs de diligence, autrement je vous dis pas…

— Enchanté !

— Bonjour, je m'appelle Hugo, Victor Hugo.

— Le vrai ? L'écrivain ? Eh ben mon vieux ! Quand je vais dire ça à ma femme ! Qu'est-ce que vous faites là ?

— Je me pose des questions à propos de mon dernier livre.

— Lequel ? *Les Misérables ?*

— C'est ça.

— Oh ben j'en ai entendu parler, vous êtes en promo en ce moment ! »

Quelle belle rencontre. Je l'ai pas reconnu tout de suite, parce que c'était la première fois que je le voyais pour de vrai, mais la vie décidément… Et puis je connais tellement de choses sur lui, les tables qu'il a fait tourner à Jersey, sa folie de vouloir être Chateaubriand sinon rien. Nous sommes aussitôt devenus amis, et même confidents.

Ah ! *Les Misérables*, quel beau livre ! Ça a tellement marché qu'ils ont pensé à en faire le livre de poche que vous tenez dans vos mains. En résumé, qu'est-ce qu'on peut dire ? Eh bien la star, c'est Cosette. Enfin « la star », si je puis me permettre, Victor. La pauvre, elle en voit de toutes les couleurs avec toi. Groupie de Julius Plücker, célèbre mathématicien et physicien allemand, grand spécialiste des courbes algébriques, la petite Cosette passe son temps à comparer le ratio coup de balai / poussière dans le sac. C'est vrai, t'arrêtes pas de la faire bosser. Faut dire que la pauvre petite, tu l'as pas placée dans n'importe quelle famille d'accueil… Alors là, comme casting, on pouvait pas faire mieux, la malheureuse, claquemurée dans le pandémonium Thénardier, elle a du mal à se faire entendre. En tout cas, tu vois, tu me proposes d'écrire ta préface, eh bien je me suis pris au jeu. Comment ne pas tomber sous le charme ? Tu es quand même la seule personne que je connaisse qui se laisse pousser la barbe uniquement parce qu'elle a peur d'avoir froid au cou. T'es vraiment original, Victor, c'est pour cette raison que je me permets de t'écrire, par l'intermédiaire de ces quelques feuillets, des choses que je n'ai jamais osé te dire en face et j'espère que tu ne m'en tiendras pas rigueur. Voilà, j'ai adoré. Enfin, j'ai beaucoup aimé… Comment dire, bon, on se connaît bien…

voilà... j'ai jamais pu aller au bout. Non, je trouve qu'il y a un peu trop de pages. Bah oui. T'abuses. Comment tu fais pour écrire des livres aussi longs ? T'as pas d'amis ou quoi ? Faudrait que tu penses à une version allégée pour le week-end, avec les mêmes personnages récurrents (les lecteurs adorent) mais des histoires différentes. Par exemple « les Thénardier partent en vacances » avec, à l'intérieur, un cahier spécial de trucs et astuces soigneusement élaboré par Cosette, « aujourd'hui, j'aimerais bien faire une omelette, mais on n'a plus de gaz », tu vois le genre, des petites idées comme ça, je suis sûr que ça peut marcher.

C'est bizarre, c'est pas une critique, mais je trouve que t'as du mal à aller au bout des choses. Tu écris de belles histoires, tu vends plein de livres, tu arrives à rendre sympathique Quasimodo, et t'en restes là. Pourquoi tu penserais pas aux produits dérivés, je sais pas, pourquoi pas une comédie musicale ?

Enfin, cher lecteur, ne vous inquiétez pas, tout cela ne regarde que Victor et moi. On se connaît suffisamment pour se dire les choses.

J'espère surtout ne pas vous avoir démotivé avant la lecture de ce pavé. Un dernier conseil, veillez à ce qu'autour de vous tout le monde se porte bien, qu'il n'y ait ni malade ni mourant, parce que c'est pas le moment.

Dans le cas contraire, il vaut mieux vous lancer dans un bon « Bibi Fricotin », vous attaquerez *Les Misérables* un autre jour…

Quel que soit votre choix… Bonne lecture.

Livre II
des *Fables* de La Fontaine

Écrire une préface n'est pas une chose aisée,
Surtout si dans la glace, tu aimes te déguiser,
Faire des rimes à tout prix, tu vois Jean De
[Lafont,
C'est comme vouloir nager, quand t'as touché le
[fond.

Dans ce livre des fables qui portent ton nom,
Y'a des rats, des loups et même un moucheron,
Pas un moment tu parles ou évoques le mulot,
Pourtant par rapport au loup, c'est bien plus
[rigolo.

Jamais il ne daigne s'amuser ou faire le fou
Il est vif et agile et puis se fout de tout,
Dans ce monde cruel, que tu décris si bien,
La cigale fragile est morte d'avoir faim.

Tu n'as pas hésité, dans ce chapitre II,
À remplacer l'insecte, par un oiseau tout bleu.
La couleur, je plaisante, il s'agit bien du blanc,
C'est de la colombe, dont je parle maintenant.

Sauvée par une fourmi, qui mordillant le pied,
Oui le pied du chasseur, qui venait la tuer,
Si seulement tu m'avais dit la vérité,
Chante Richard Anthony, au point de tout
[quitter.

Oui c'est vrai comme lui, j'aimerais bien te
[croire,
Envoyer des fourmis, pour mordiller l'espoir,
Espoir que les chasseurs, êtres humains sans
[vergogne,
Finissent tous au trou, ça nous f'ra des vacances.

Des vacances, mais ça rime pas avec vergogne !
Je sais y'avait d'autres mots, comme j'te cogne ou
[bien borgne
J'ai préféré vacances, c'est bien moins
[dégueulasse,
Enfin le principal, c'est que l'chasseur trépasse.

Livre II des Fables *de La Fontaine*

C'est ainsi pour conclure, monsieur De
[Lafontaine
Que j'entérine assis, ce semblant de poème,
Que tu liras debout, surtout si tu t'promènes
Toi qui ressens les choses, tu verras combien
[j'aime.

J'aime à lire, j'aime à dire, tes morales atypiques,
Fruit d'une vision d'amour, en tout point
[poétique,
Il est temps de remercier, Noé et son orage,
Sans qui c'est évident, pour toi c'était l'chômage.

Martine et l'Arche de Noé

J'ai toujours prédit un bel avenir à cette Martine, et je ne me suis pas trompé. Tout lui réussit. C'est vrai, elle fait des tas de trucs qu'elle nous raconte très bien. C'est une fille discrète mais très sociable. Un jour elle est allée au zoo, eh bien, elle nous a tout décrit. Il y a juste une fois, en réunion de rédaction, après qu'on lui a posé la question fatidique « Martine, qu'est-ce que t'as fait de beau ces derniers temps que tu pourrais nous raconter ? », elle a surpris tout son monde en répondant « rien » (je le sais, j'étais stagiaire à la rédac').

« Mais comment ça, rien ? lui a rétorqué l'éditeur.

— Eh bien oui, j'ai le droit de rien faire.

(Quel caractère et surtout, quelle sacrée petite bonne femme !)

« T'es pas allée dans un endroit sympa ? Pourtant on t'en file du budget tous les mois !

— Si, j'ai bien fait un truc sympa comme vous dites, j'ai fait les soldes chez Leclerc et en revenant, je suis restée coincée dans l'ascenseur.

— Génial, vas-y continue, développe.

— Ben c'est tout.

— Quoi c'est tout ? T'as pas pensé à téléphoner à oncle Jules pour qu'il vienne à ta rescousse ?

— Si, j'ai appelé, mais il était sur messagerie. De toute façon, depuis qu'il vit à la ferme, il a changé, le bonhomme, c'est plus le même. Lui, c'était pas son truc, il est allé vivre là-bas uniquement pour faire plaisir à tante Lucie. Lui, son truc c'était la bourse, le CAC 40, le Stock Exchange, le Nasdaq et tout ça. Dans son bled paumé, on peut pas dire qu'il assouvisse sa passion, surtout qu'il a même pas Internet. L'ADSL arrivera p'têt le jour où ses poules auront des dents. Parlons-en de ses poules, elles m'ont donné des poux, je les ai gardés un mois et demi.

Ah ben ça, il peut compter sur moi pour que je retourne le voir !

— Bon d'accord, ça va, je te sens très remontée, détends-toi, tu veux quelque chose ?

— Un café calva' sans le café.

— Tu t'es mise à boire, Martine ?

— Oui et non. Mais ça va. Je me sens poursuivie, je sais qu'on est en pleine période de BD réalité, mais ça fait plus de trente ans que ça dure, alors ça va aller. Non, ce qui me dérange, c'est qu'il y a énormément de passages censurés. Tenez, en 2002, lorsque je suis allée faire mes courses, à un moment je me retourne et je vois un grand black qui prend la fuite avec une barquette de museau, je vous le raconte et vous coupez le passage parce que vous trouvez que c'est pas politiquement correct. Je suis désolée, mais bon, c'est la vie.

— Mais enfin, Martine, pense à tes lecteurs. Les piqueurs de museau ou les voleurs à la tire, c'est pas leur truc. Il ne faut pas que t'oublies une chose, ce qui fait vibrer ton public, c'est la poésie des images, accompagnée d'un texte soutenu. Par exemple, page 4 dans

“Martine et son ami le moineau”, à un moment, on s’aperçoit que c’est le chat moustache qui a renversé le nid. Toi, qu’est-ce que tu fais ? Tu écarquilles les yeux et tu fais peur au matou qui s’enfuit d’un bond agile. Tu vois, ton fan, ce qui l’intéresse, c’est ça. Si tu avais dit : “Crève, sale volatile”, on aurait pas pu le garder, et le livre s’arrêtait page 4. Tu comprends ? Alors qu’est-ce que tu veux ?

— Je sais pas, j’étouffe.

— Y’a quelques années, tu nous avais déjà fait la même crise et on t’a trouvé deux remplaçants, Jean Lou et Sophie.

— C’est vrai, dans le genre pompeurs d’idées, y’a pas mieux ! Bravo la créativité ! La mer, la campagne, vive le plagiat. Et vous, vous laissez faire !

— T’es mauvaise langue, Martine. Ils sont allés en Bretagne, pas toi. Ils ont construit une cabane, pas toi.

— D’accord, mais c’est largement inspiré. Et puis y’a pas que ça qui me chiffonne. Artistiquement, les illustrations, c’est tellement réaliste, que ça l’est plus du tout.

— Tu trouves que les dessins te ressemblent pas tellement ?

— Si, mais je comprends pas pourquoi, dans tous les Martine, y'a aucun personnage qui a les yeux au milieu du visage, on a tous des fronts énormes sauf le teckel. Je sais pas, c'est le b.a.ba en peinture.

— C'est une question de style… OK, qu'est ce qu'on fait ?

— Je sais plus où j'en suis.

— Tu veux quand même pas nous pondre "Martine et son ami Prozac" ou "Lexomil et une nuit" ?

— Non, bien sûr… Bon, j'ai une idée. Je vais vous raconter l'Arche de Noé, y'a plein d'animaux, je serai émerveillée et tout le monde sera content.

— Enfin Martine, je te retrouve. Allez, je t'invite à dîner pour fêter ça. Tu veux manger quoi ?

— J'voudrais un coq au vin, sans le coq… »

Voilà. Maintenant vous savez tout sur les dessous de Martine. J'ai hésité longuement avant de vous les raconter, mais un scoop comme ça, je pouvais décemment pas le garder pour moi. Il était de mon devoir de faire avancer la littérature française, en vous livrant les secrets de l'ouvrage que vous avez entre les mains. Alors, un seul conseil maintenant : bonne lecture.

Préface de *Mein Kampf*

Il fallait vraiment que ça tombe sur moi.

Il y a tout juste six mois, le 6 octobre 1937, un de ces jours maudits où rien ne va comme il faut et où la tristesse ne songe qu'à trinquer avec la mélancolie ambiante, au détour d'une déprime passagère, j'aperçus, grâce à la lampe du frigo, une lueur d'espoir. Lampe qui pourtant s'était cassée. Comment allais-je faire pour me sustenter les nuits de pénombre monacale, sans l'incandescent accueil de ce filament de 15 watts qui me proposait quotidiennement de choisir entre une bière belge et… c'est tout (l'ascenseur étant en panne depuis quinze jours, je n'avais acheté que le strict minimum) ? La seule solution était de la changer.

Après m'être habillé très vite d'un simple pantalon de coton, d'une chemise en lin soldée (mais de bon goût) et d'un gilet marron, après avoir chaussé mes sandalette tressées, je descendis quatre à quatre les cinq étages qui séparaient mon petit deux pièces de la rue commerçante la plus proche, c'est-à-dire en bas de l'immeuble.

Au 2 de la rue Lignon, très exactement, je pénétrai dans la boutique d'électricité générale tenue par Marthe et Auguste Fitoussi (quinquagénaire désopilant que je nommerais Marthe et Auguste X, pour des raisons qui me sont propres). Marthe X fait partie de ces personnes très agréables à regarder, auxquelles on donnerait le bon Dieu sans confession. Qui plus est, une professionnelle admirable, capable de faire instantanément la différence entre un simple câble coaxial basique et un câble triphasé. Très méticuleux, Auguste X est le roi du rangement. Tous les soirs, avant de fermer boutique, il se chronomètre en essayant de trouver le maximum d'objets en moins d'une minute, grâce à une liste préalablement écrite par son épouse. Bref, un couple heureux. C'est en 17 secondes exactement que la nouvelle lampe de frigo passa du bord de la réserve à la poche de ma chemise en lin : un record. Heureux et étonné à la fois, Auguste X sortit de sa cave un Château LINCH BAGES 1928, très fruité en bouche (une excellente année pour les bordeaux de manière générale) pour fêter l'événement. Quand soudain la porte s'ouvrit. Habillé très sobrement et visiblement sur mesure, un client s'approcha du comptoir. Sa petite moustache et sa mèche de côté me firent penser qu'il devait craindre la chaleur. Simultanément, nous fûmes tous les trois très attirés par cet individu, sa fougue, son désir de tout savoir, mais aussi sa gentillesse. Tandis que je trinquais avec Auguste X, le client que l'on nommera Adolphe (car tel était son nom) s'avança vers Marthe. Il entreprit alors de la questionner. Adolphe adorait le bricolage. Tout aussi passionné, et curieux de nature, je m'approchai de lui afin d'en savoir plus sur son hobby. « Bonjour, lui dis-je, je viens pour ma lampe de frigo, et vous ? »

Il me regarda de haut en bas et me dit : « C'est du lin ? »

Voyant que j'avais affaire à un connaisseur, je lui communiquai l'adresse de mon tailleur, en lui stipulant qu'il pourrait avoir 20 % de remise s'il y allait de ma part.

C'était sans nul doute un homme de cœur qui aimait profondément les gens. Au fil de la conversation, il me fit part de tous ses projets en matière de bricolage. Ça allait des cabines de douche familiales au fauteuil autobronzant. Son objectif était également que le peuple puisse accéder au rêve automobile. Je buvais ses paroles, tant et si bien que nous passâmes toute la journée ensemble, ainsi qu'une grande partie de la soirée, à échanger des idées et des astuces en tout genre. Je lui parlai de ma famille, de mes amis. Aussitôt, il me demanda leurs adresses personnelles, que je lui communiquai sans hésitation, afin qu'il puisse les mettre sur sa liste d'invités. Car dans deux ans il prévoyait, si tout allait bien, d'inaugurer plusieurs salons en Allemagne, Autriche, Pologne et peut-être même en France, où il exposerait sur plusieurs hectares toutes ses inventions.

Quel bonhomme formidable vous faites, Adolphe !

Comment réagir face à une telle générosité ? Il paraît même que les transports seront gratuits. Là, c'en est trop. Pour toutes ces raisons, quand vous m'avez proposé d'écrire la préface de votre livre (parce qu'en plus, Monsieur est écrivain) je n'ai pu qu'accepter. J'ai vraiment hâte de vous lire. Ce sera sans nul doute un très grand succès, ainsi que l'ouverture de tous vos salons à travers l'Europe et dans le monde entier. Je vous le souhaite. En tout cas vous pouvez être sûr, et je n'ai qu'une parole, ma famille et moi, on y sera !

Votre dévoué préfaceur.

Mon livre de maths de CM2

D'un côté un livre de maths modernes CM2, collection Thévenet, Bordas 2004.

De l'autre un livre de maths modernes, édité par Hachette en 1973, le Manesse et Lecouvez pour ne pas le citer (oui, je le cite, mais je souhaitais attirer votre attention quant au fait que cette expression est totalement stupide).

Comparons.

Il apparaît que l'évolution en matière d'algèbre et de géométrie est égale à zéro. On n'a pas trouvé plus modernes qu'Euclide, Pythagore ou Thalès, morts entre le IIIe et le VIe siècle avant Jésus-Christ. Très décevant. Et on rêve d'un monde où le modernisme serait vraiment moderne et le nouveau vraiment neuf. Qu'en est-il en réalité ? Le Nouveau Testament a plus de deux mille ans, il était nouveau à l'époque de sa sortie, aujourd'hui ça serait plutôt le… Non ça marche pas, l'ancien c'est déjà pris. C'est pareil pour le journal de Mickey ou le nouveau Bonux. Mathématiquement, on est nouveau à un instant T. Par définition, le nouveau est éphémère, comme le moderne qui est généralement nouveau, excepté peut-être quand on parle d'Art. Un Picasso, c'est de l'Art moderne, pourtant c'est vieux. Est-ce que Mireille Mathieu était moderne quand elle a commencé à chanter ? Remarquez, en même temps, c'est peut-être pas de l'Art. Enfin, quoi qu'il en soit, je vous rassure, vous avez fait un bon achat. Même si vous n'êtes plus au CM2. Et comme vous le savez, les maths, c'est important, pas tant pour les chiffres que pour l'esprit logique. Un peu pour les chiffres, quand même. Supposons : vous avez une envie folle d'acheter du poisson, votre poissonnier est sympa, mais tout de même… Imaginons la scène.

« Bonjour François, ça va ?

— Non, pas trop, ma femme m'a quitté.

— Ah bon… Désolé. À part ça, vous avez quoi de bon aujourd'hui ?

— Ben, j'ai du mulet, du cabillaud, et tiens, la sole, elle est de ce matin.

— Et le mulet, il est de quand ?

— Je crois qu'il est de cette nuit.

— À part ça, vous n'auriez pas des sardines ?

— Oui, bien sûr.

— Bon, ben, je voudrais 300 grammes de sardines.

— Alors, voyons voir… Bon… 350 grammes ça ira ?

— Oui, très bien, je vous dois combien ?

— 3,40 €.

— Et 3,20 € ça ira ? »

Voyez-vous, cet exemple précis combine à la fois chiffres et vivacité d'esprit. On ne vous le dira jamais assez, le CM2, c'est très important. Moi-même, si je n'avais pas survolé le CM2 avec une si grande aisance, en serais-je là aujourd'hui ? On ne vous le dira jamais assez, le CM2 est la véritable plaque tournante de… du CM2. Je me souviens, mon instit' s'appelait M. Ramoun et nous, on l'appelait... M. Ramoun. C'était un homme fringant. Sa raie au milieu, rehaussée d'une touche de brillantine, lui donnait un air à la fois austère et ridicule. Il aimait porter des chemises à manches courtes. Et sa gourmette, sur laquelle était gravé son prénom, me rappelle pour l'éternité que j'ai bel et bien vécu en province. Sur un ton péremptoire, il imposait le respect que nous devions à sa blouse et à sa fonction. Dans une ambiance solennelle, nous récitions axiomes, conjonctions de coordination et autres subtilités grammaticales. Ce qui nous plaisait chez lui, c'était sa folie. Nous étions sous le charme et au garde-à-vous. Surtout quand il entreprenait de nous expliquer les mathématiques. Les problèmes de robinets qui coulent, de baignoires qui se vident ou de salles d'attente qui se remplissent, le mettaient dans un état de transe proche de celui de Mike Tyson lorsqu'on lui dit que la boxe est un sport d'homosexuels. Pour qu'on comprenne bien, son truc, c'était de remplacer les éléments du problème par « pieds qui puent » ou « chaussettes sales ». Ça donnait à peu près ça :

« 200 pieds qui puent rencontrent 83 paires de chaussettes sales, combien de pieds qui puent ne seront pas couverts ? » C'est véridique. Depuis ce temps, avec mes camarades de CM2 (les pieds qui puent, ça crée des liens), on s'amuse régulièrement, en hommage à M. Ramoun, qui d'ailleurs nous a quittés récemment (pour habiter Quimper), à faire des maths avec n'importe quoi. Pas plus tard qu'hier, j'ai reçu un mail de Reynald Meslier, un copain de l'époque :

« De Gaulle était un grand homme car il possédait 800 mots à son vocabulaire et portait très bien le képi. Mitterrand, également un grand homme, maîtrisait quant à lui 3 500 mots et avait une préférence pour le chapeau. Sachant que le QI du képi équivaut à environ 4,4 chapeaux, à combien s'élève le QI de la casquette, s'il s'agit du cycliste ? »

Voilà. Je pense qu'il n'y a plus rien à ajouter. À part, vive le CM2, vive M. Ramoun, et vivent les livres de maths !

Oh ! Toi le Belge, ta gueule !
(préface imaginaire et de mauvaise foi.
Pardon Philippe)

D'abord mon cher ami Philippe Geluck, merci d'avoir pensé à moi (c'était pas trop tôt) pour rédiger la préface de la réédition de ton livre *Oh ! Toi le Belge, ta gueule*, initialement écrite par Michel Drucker. Tu t'es rendu compte de ton erreur et c'est déjà ça. C'est sans doute parce que tu as collaboré pendant sept ans à son émission, et qu'il t'a plus que grassement payé, que tu t'es senti obligé de le prendre comme préfaceur. Tu me déçois, je t'ai connu moins cireur de pompes. On dirait que, durant ces sept années, tu as complètement fait abstraction de ton passé. Et qu'est-ce que je lis dans la préface de Michel Drucker ?

« *Mon cher Philippe... bla-bla... Comment as-tu fait pendant toutes ces années pour être chaque semaine aussi créatif, aussi imaginatif, et inspiré* ! »

Eh bien à ton avis ? Tu m'as tout piqué, et tu le sais.

Ah ça, tu t'es bien gardé de lui dire, à Drucker. Mais t'as peur de quoi franchement ? Un grand garçon comme toi ! Qu'on te montre du doigt dans la rue, qu'on dise tiens, regarde c'est le gars qui a tout piqué à Mezrahi ? Ridicule ! Et puis t'as la mémoire courte. À aucun moment tu parles de moi, et pourtant, je t'en ai corrigé des textes, résultat… même pas un merci. Certes, tu conclus le préambule de ton livre, après avoir remercié la terre entière (de quoi ? Je me le demande…) par : « *Mille excuses si j'ai oublié de citer quelqu'un.* » Bah oui… moi ! Enfin, je ne suis pas rancunier, tout cela n'est que du passé, puisque je suis maintenant, et c'est bien mérité, ton hôte préfaceur. C'est vrai, ta bonhomie exacerbée et ta calvitie anciennement naissante font de toi, théoriquement, quelqu'un de sympa. Tu parles ! L'ancien gendre idéal avec le Belge sympa, qu'en est-il exactement ? Le public de l'incontournable et talentueux Michel

Drucker pense te connaître, eh bien je vais lui expliquer qui tu es vraiment.

Avant de lire assidûment tes papiers à l'invité chaque dimanche, tu prenais soin de me les soumettre, tous les mercredis soir, devant une bouteille de bourgueil (l'émission étant enregistrée le jeudi). Et alors là, tu devrais me remercier jusqu'à la fin de tes jours. Combien de fois t'ais-je évité la correctionnelle ? Sans cette censure salutaire de ma part, le duo Michel Drucker Françoise Coquet t'aurait-il gardé sept ans ? On est habitué chez toi à de la finesse, du doigté. Tu as vraiment de la chance de m'avoir comme ami. Tu n'aurais pas mis sept ans à partir de ton plein gré. Tu aurais tenu grand maximum une saison et puis s'en va. Regarde ce qui est arrivé au pauvre Gérard Miller. Qui se souvient aujourd'hui qu'il a travaillé chez Drucker à part lui ? Maintenant, il faut qu'il sache, Michel Drucker, les difficultés que j'ai eues à te faire écrire des portraits acerbes, corrosifs, mais toujours de bon ton. Alors que, au paroxysme de l'ignominie, tu t'entêtais dans la blague de mauvais goût. Je me souviens de celle préparée à l'attention de Ségolène Royal : « Qu'est-ce qui est marron et vert et qui sent mauvais au fond des bois ?... Un scout mort. »

Et celle destinée à Bernadette Chirac : « Qu'est-ce qui a quatre pattes et un bras ? Un pit-bull dans un jardin d'enfants. »

Quelle honte ! Tout ça parce que tu ne supportais plus sa générosité « pièces jaunesque » envers les mômes. Et ne nous dis pas que c'est parce que t'es belge que ça te fait rire ! Remarque, t'es pas québécois, c'est déjà ça.

Et la blague qui illustre le mieux l'axe d'écriture que tu avais choisi initialement, fut celle consacrée à Brigitte Bardot : « Qu'est-ce qui passe par la tête d'une mouche quand elle s'écrase contre une vitre ?... Son cul. » Pourquoi t'étais-tu mis en tête de lui poser cette devinette, sinon pour lui faire de la peine ?

Non mais... franchement ! Heureusement, cette période est terminée. En même temps, c'est triste, tu me connais, j'aime pas les fins. Je commençais à prendre goût à votre duo.

Oh ! Toi le Belge, ta gueule !

Aussi, s'il vous arrivait, par le plus grand des hasards de la programmation télévisuelle, de vous retrouver réunis pour le réveillon du 31 décembre ou le Téléthon, par exemple, sois gentil, en signe de ton amitié indéfectible, de lui raconter à l'antenne l'histoire qui nous faisait tant rire quand la bouteille de bourgueil était presque terminée.

« Papa ! Papa ! Mémé a le dos tout rouge !...

— Tais-toi et tourne la broche. »

Voilà. Ainsi s'achève cette préface, mon cher Philippe, comme dirait Michel Drucker, il est temps maintenant de te laisser en compagnie de tes chers lecteurs.

Amicalement. Enfin... J'espère.

LES PUBLICATIONS DU CSA
PRÉSENTENT :

Le bilan de la société nationale
de programme FRANCE 2
— Année 2003 (sans annexes)

Préface

Sony, SFR, Barbie, Jaeger-Lecoultre, Benetton, France Telecom, Philippe Tapprest coiffure, Catimini, Bic, Cartier, Rolex, BMW, *Ushuaïa* ; Bassetti, Craye, Mulliez, Sagem, Fnac, Souleïado, Anne De Solène, Laura Ashley, Descamps, Aude De Balmy, Canovas, François Hans, *Jalla*, Marlboro, Lawrence, Zofia Rostad, Sauveur Boukris, Toyota, Daniel Hechter, Naf Naf, Alexandre Turpault, Joseph Hacot, Jardin Secret, Esprit, Mexx, National Geographic, Designers Guild, Sanderson, Inès De La Fressange, Torrente, Elvé, Baco's, Morgan, la bande à Fifi, Lexington, IKKS,

Bouchara, Monsieur Z, Casino, Les Olivades, Fil Blanc, Meubles et Fonctions.

Alcatel-Lucent, Fagor, Yoplait, Canalsat, Sveltesse, Tropicana, Fujitsu Siemens, Freecom, Gaggenau, Grundig, HP, Compaq, Indesit, IBM, Intel, IOGEAR, JVC, Kenwood, J&B, Krups, Kitchen Aid, Kodak, LG, LOGITECH, Miele, Moulinex, NEC, Hugo Boss, Gauthier, Urgo, Obao, Always, TPS, Nana, Olympus, Cacharel, JBL, Marantz, Continent, Champion, Huit à Huit, Shopi, Marché plus Chanel, Calvin Klein, Herta, Planta fin, Tournesol, Skip, Rica Lewis, Beaver-Pool, Sun Abris, Gardena, Kubota, Grand Marnier, Mousseline, Soupline, Bonne Maman, Babania, Ariel, Levis, Diesel, Kenzo, Armani, Sequoia.

Signal, Philips, Orange, Pioneer, Packard Bell, Peekton, Q-TEC, Swatch, Quantum, Qtek, Rosieres, Roadstar, Rowenta, Rimax, RIVIERA, Samsung, Siemens, Scholtes, Scott, Thomson, Toshiba, Trust, Trendnet, TEX-TORM, United, US Robotics, Ultron, Vedette,

Verbatim, ViewSonic, VDO Dayton, Vibell, Whirlpool, Xoro, XFX, Xerox, Xilence Power, XG, Yakumo, Yamaha, Yamada, YESICO, Yama, Zanussi, ZyXEL, Lancôme, Apple, Strepsil, Laurent Perrier, Moet & Chandon.

BMW, Mercedes, Renault, Coca-Cola, Fanta, BN, Nutella, Tefal, BOSCH, Babyliss, Moulinex, Pioneer, Bang & Olufsen, SEB, Panasonic, Calor, Mc Donald's, Nescafé, Airbus, Braun, Playmobil, Virgin, Larousse, Darty, La Redoute, Quelle, Zara, H & M, Morgan, Etam, Sephora, Marionnaud, Guerlain, Reebok, Guillaume de Surcouf, Adidas, Nike, Aasics, Converse, Gucci, Dolce & Gabanna, Dior, Zadig & Voltaire, Lotus, Garnier, L'Oréal, Carte Noire, Mamie Nova, Danette, Carte D'or, Poulain, Gerard Sene.

Nostalgiques des années 70, époque bénie où on pouvait faire de la télé sans « scotch » (noir ou blanc) sur les T-shirts, baskets et bouteilles d'eau… Voilà.

Traité de la réforme de l'entendement

« … C’est-à-dire qu’il faut déterminer un principe commun, d’où résultent nécessairement ces propriétés, de sorte qu’étant donné ce principe, elles suivent nécessairement et qu’elles soient supprimées si on le supprime… »

Voilà, ça s’arrête comme ça. Baruch Spinoza n’est plus, il nous a quittés sans pouvoir écrire la fin de son traité. Pourtant, il était bien parti… Mais c’est la vie… Je ne l’ai connu que tardivement, grâce à son beau-frère Jean-Pierre Bujon, menuisier à mi-temps dans le Cantal, mais beau-frère à plein temps. Certes ils se voyaient peu, mais ils s’aimaient beaucoup. « Toute idée qui en nous est absolue, autrement dit adéquate et parfaite, est vraie. » *(Omnis idea, quae in nobis est absoluta, sive adaequata et Perfecta, vera est)*, Éthique II, prop. 34.

… avait l'habitude de dire Baruch Spinoza à Jean-Pierre, lequel, pour le taquiner, ne pouvait s'empêcher de lui rétorquer :

« Eh, Baruch, ta phrase, tu peux pas me la dire en français ? Hi Hi Hi ! ».

Spinoza était autant intello que Jean-Pierre menuisier, ce qui ne les empêchait pas d'être proches. Jean-Pierre ne comprenait pas grand-chose à ce que son beau-frère racontait, c'est peut-être ça qui l'amusait. C'était avant tout un fidèle.

C'est sept ans après m'avoir vendu son petit corps de ferme du XIIIe siècle (pour contempler les étoiles, rien de tel) que Jean-Pierre me proposa de me présenter son beau-frère hollandais, de passage dans la région, et passionné, tout comme moi, d'astrologie. L'exotisme de cette prochaine rencontre fit monter en moi l'impatience qui agite l'enfant avant d'ouvrir son cadeau d'anniversaire. C'était magique, et à la fois inespéré, de rencontrer un étranger dans le Cantal. J'ignorais tout de l'existence et de l'œuvre de Spinoza. Je me souviens, en revanche, de notre premier échange. C'était un lundi, parce que la boulangerie était fermée et nous avions marché très longtemps pour pouvoir trouver des croissants. Spinoza me fit instantanément l'effet d'un homme de cœur, sensible et avant-gardiste. Il s'intéressait à tout, prenait l'initiative, et bon an mal an, tandis qu'il professait un cynisme désespéré, nos deux corps se rencontrèrent. (Non, je plaisante.) Un courant de sympathie indescriptible et puissant s'empara de nous et perdura jusqu'à cette fin tragique, qui est à la fois un pléonasme et un vrai chagrin.

C'est vrai, tu bosses toute ta vie pour écrire un livre et t'arrives pas à le terminer. Quand t'es noir, t'es noir. Surtout que de son vivant, à part Jean-Pierre et moi, rares étaient ceux qui étaient capables de le comprendre. Non qu'il n'ait eu que des ennemis, mais la provocation ostentatoire chez un être voué à la connaissance de son prochain semblait un tantinet fatiguer son entourage. C'est vrai, il a fait l'école Talmudique avant de prendre un certain recul par rapport à la religion. Et alors ? Pourquoi ne serait-on pas libre de ses pensées et de ses actes quand on est hollandais ? J'veux pas prendre forcément sa défense, mais par rapport à la religion en général, qu'on soit juif, musulman ou chrétien, il faut se rendre à l'évidence : y' en a qu'une qui connaît le vrai Dieu… Laquelle ? Et les autres alors ? Toutes ces questions insolubles ont hanté l'esprit du jeune Baruch. Et forcément, à un moment, soit tu exploses, soit tu deviens philosophe. Et c'est ce qu'il a fait. Je me souviens quand il m'en parlait avec les mains (je comprends très mal le hollandais), on le sentait excédé. Il n'arrivait pas à comprendre comment l'être humain pouvait être dupé de la sorte, et pourtant…

« Tu l'as lue la Genèse ? Tu l'as lue la Genèse ? m'a demandé Baruch, un soir où nous jouions au « geen ja en geen nee », l'équivalent du « ni oui, ni non » en français.

— Ben oui ! lui ai-je rétorqué.

— T'as perdu. Mais à part ça ? Y'a rien qui te choque ?

— Non, Dieu a créé le ciel et la Terre en six jours, il s'est reposé le septième, il a le droit.

— Oui, il a le droit, mais tu trouves rien de bizarre dans cette phrase ?

— Non.

— C'est étrange, j'ai posé la même question à mon éditeur et ami Louis Meyer, il m'a répondu la même chose. Et ben, je vais te dire ce qui me choque. Comment veux-tu créer le ciel et la terre en n jours, puisqu'il ne peut pas y avoir de jours, sans le ciel et la terre ! »

Alors là, j'étais bluffé, subjugué, époustouflé. Devant tant de vivacité d'esprit et de logique, que pouvait-on ajouter ? Le seul bémol, c'est que la Bible est au départ une tradition orale. Mais quand même… Son analyse remettait-elle en question ce qu'on savait de la Genèse ?

« Baruch, t'es un génie, lui dis-je, tes détracteurs n'ont rien compris, c'est toi qui es dans le vrai, continue à te révolter, je serai toujours là pour te soutenir. »

C'est comme ça que je me suis retrouvé à écrire la préface d'un livre qui n'a pas de fin.

Rongé par la vie et une diphtérie galopante, Baruch Spinoza ne put jamais achever ce traité de « la réforme de l'entendement » que vous avez entre les mains.

Aussi, pour ne pas vous laisser sur votre faim, voici trois possibilités de conclusion, qui pourront, je l'espère, combler ce manque. Certes, c'est pas du Spinoza, mais le cœur y est.

Première possibilité :

« Voilà, ainsi s'achève ce livre. J'espère qu'il vous a plu, n'hésitez pas à le conseiller à des amis si vous en avez. »

Deuxième possibilité :

« En attendant de me lire prochainement dans un nouveau roman, essai, ou traité, je vous souhaite plein de bonnes choses. Je sais, ce livre s'arrête brutalement, mais c'est peut-être la vie qui m'a montré l'exemple. »

Troisième possibilité :

« Voilà ! Merci de m'avoir lu jusqu'ici, je suis obligé de vous quitter, c'est Dieu qui m'appelle. Je sais, c'est bizarre, je suis devenu croyant. En tout cas, si j'ai un conseil à vous donner, profitez de la vie pour ne pas croire en Dieu, vous aurez toute la mort pour le faire. »

Un caddie à gagner par minute

Oyé oyé, avis à la population : un caddie à gagner par minute ! Je sais, c'est écrit dans le titre. Mais il faut le crier.

En effet, les limites intrinsèques de ce magazine destiné aux boîtes aux lettres tiennent essentiellement au fait que, comme son nom l'indique, il s'agit d'un magazine (donc, il n'y a pas de son). Alors que la seule chance pour que le plus grand nombre de lecteurs saute sur cette occasion pour aller faire ses courses, toute affaire cessante, serait de lire ce magazine à haute voix. C'est plus persuasif.

Donc, n'hésitez plus, faites-le, et ce, pour le plus grand bien de notre société de consommation. Elle a besoin de vous et surtout, vous avez besoin d'elle. Où que vous soyez, allez-y ! Quelle ne sera pas la joie de votre voisin de strapontin, station « Vanneau », lorsque vous lui crierez « le pantacourt 100 % coton kaki ou blanc 18 € ! » ou bien « Réveillez-vous ! Les mules semelles synthétiques non doublées et les tongues à fleurs sont à 7 euros, grand choix page 49 ! ».

C'est pas une affaire, ça ? Qui d'autre va vous rembourser votre caddie ? Seul Carrefour, et son brillantissime directeur de la communication ont eu cette idée, et quelle belle idée !

D'habitude, préfacer ce genre de prospectus, généralement destiné à accueillir les épluchures en tous genres, même en étant payé très cher, je ne le fais pas. Question d'éthique. La dignité, pour un épicurien de supermarché, ça existe.

Oui, je suis digne, et fier. Mais bon. C'est pas dans le code pénal que vous pourrez trouver un lot de six paires de socquettes invisibles pour seulement 4 euros... Alors, dépêchez-vous, toutes ces offres ne sont valables que jusqu'au 7 juin. Après il sera trop tard. Aucune chance de vous faire rembourser votre caddie, et bye bye les socquettes... ça sera pour votre poche.

« L'eau peut agir sans poisson, mais le poisson ne peut pas agir sans eau », disait Lao Tseu. Le magazine Carrefour le sait bien, c'est pourquoi il vous propose ses trois paupiettes de saumon et Saint-Jacques, plus une gratuite, à 8,90 € la barquette. Respecter la pensée des anciens, même étrangers, et le porte-monnaie du client, voilà une devise à méditer.

Pour couronner le tout, la précision du texte et la beauté des photos en feront pâlir plus d'un. Même la mouvance stoïcienne, devant un tel magazine, ne tarderait pas à voir s'effilocher sa pensée réfractaire tendance « je m'en fous, ça me fait ni chaud ni froid ». Préciser que le Carpaccio de thon se trouve au rayon poissonnerie et la salade Florette au rayon fruits et légumes, relève davantage du génie poétique que du pléonasme. Quant à la qualité de la photographie, que peut-on dire ? J'en suis resté pantois, ébahi, médusé. Quoi d'autre encore ? Le choix de la lumière sur la feuille de sauge ou sur la branche de persil plat fait du rôti de porc cuit l'un des joyaux de ces 84 pages en quadrichromie. Les aliments sont luisants et brillants, ce qui est, comme chacun le sait, un gage de qualité. « Quand c'est pas brillant, c'est que c'est pas bon », disait une de mes vieilles tantes, décédée aujourd'hui.

« Quand vous voyez des spaghettis blancs et mats, c'est qu'ils sont trop cuits, donc immangeables. »

Elle avait raison, tata, mais c'est, hélas ce qui l'a perdue. Mourir étouffée en mangeant des pâtes « al dente »... quel destin. Remarquez, pour une puriste, c'est une belle fin. Dalida voulait mourir sur scène devant les projecteurs... Raté. Comme quoi, on ne fait pas toujours ce qu'on veut.

Voilà, j'en ai presque fini avec cette préface, je vous souhaite une bonne lecture, rêvez bien. Si vous trouvez moins cher ailleurs eh bien... allez ailleurs. On ne peut pas non plus toujours vous prendre par la main, vous êtes des adultes, quand même.

Alors, peut-être à bientôt chez Carrefour, Leclerc, Casino, Auchan ou Champion, ou pourquoi pas ATAC, ED ou Franprix sans oublier Super U ? Vous savez, je suis prêt à tout pour faire parler de moi, et puis préfaceur de magazines de supermarchés, finalement, c'est un vrai beau métier. J'ai rien à envier à la télévision, je travaille pour un magazine qui vend des salades, et je suis en relation directe avec la ménagère, qui mieux que moi ?

NB : si vous êtes patron de PME ou vendeur à la sauvette et intéressé par une de mes préfaces, n'hésitez pas à me contacter, je m'adapte très facilement à la demande.

Votre futur dévoué préfaceur.

Remerciements

Pierre Pechin pour le coq au vin sans le coq.

Bernard Werber, Michel Drucker, Françoise Coquet, Gérard Miller, Ève Angeli, Loana, Noël Mamère, Dorothée, Philippe Geluck pour leur sens de l'humour.

Dave pour m'avoir traduit le ni oui ni non en hollandais.

Mes parents, ma femme, ma fille et mon chien.

La chienne de mon éditeur parce que mon chien est sur le coup.

Valérie Broquisse pour m'avoir présenté Karina, mon indispensable mentor aux éditions Lattès.

TABLE

Ce volume a été composé
par Facompo à Lisieux (Calvados)
et achevé d'imprimer en septembre 2007
par Bussière
à Saint-Amand-Montrond (Cher)
pour le compte des éditions Lattès

N° d'édition : 02173/01 – N° d'impression : 073009/4
Dépôt légal : septembre 2007
Imprimé en France